自动步枪系统效能评估研究

兰小平　卢大斌 ◎ 编著

RESEARCH ON SYSTEM

EFFECTIVENESS EVALUATION FOR

AUTOMATIC RIFLE

北京理工大学出版社
BEIJING INSTITUTE OF TECHNOLOGY PRESS

内容简介

本书主要面向复杂作战条件下步兵作战部队对自动步枪的机动、火力、适应性、可靠性等方面的综合系统需求，分析山地和城市两种典型作战环境对自动步枪系统效能的影响，构建多视角多维度的评估指标体系和权重向量，实现基于武器性能数据的指标评估模型，选择适应性强、特点突出的评估方法，实现系统效能的综合评估，同时搭建以元评估为轴线的全方位可信度评估框架，支持自动步枪的系统效能评估，为提高武器装备系统效能评估的科学性、合理性、可用性提供了新的研究思路。

本书可作为军事装备学、军事运筹学、武器系统工程相关专业本科生和研究生的教科书或及教学参考书，也可供从事武器装备论证、研制、管理、保障等相关人员作为业务参考书使用。

版权专有　侵权必究

图书在版编目（CIP）数据

自动步枪系统效能评估研究／兰小平，卢大斌编著．--北京：北京理工大学出版社，2022.12
ISBN 978-7-5763-2013-8

Ⅰ. ①自… Ⅱ. ①兰… ②卢… Ⅲ. ①自动步枪—武器效应—评价　Ⅳ. ①E922.12

中国国家版本馆 CIP 数据核字（2023）第 005581 号

出版发行 ／ 北京理工大学出版社有限责任公司
社　　址 ／ 北京市海淀区中关村南大街5号
邮　　编 ／ 100081
电　　话 ／ （010）68914775（总编室）
　　　　　　（010）82562903（教材售后服务热线）
　　　　　　（010）68944723（其他图书服务热线）
网　　址 ／ http：//www.bitpress.com.cn
经　　销 ／ 全国各地新华书店
印　　刷 ／ 三河市华骏印务包装有限公司
开　　本 ／ 710毫米×1000毫米　1/16
印　　张 ／ 12.25　　　　　　　　　　　　　　　　责任编辑 ／ 李颖颖
字　　数 ／ 211千字　　　　　　　　　　　　　　　文案编辑 ／ 李思雨
版　　次 ／ 2022年12月第1版　2022年12月第1次印刷　责任校对 ／ 周瑞红
定　　价 ／ 68.00元　　　　　　　　　　　　　　　责任印制 ／ 李志强

图书出现印装质量问题，请拨打售后服务热线，本社负责调换

创作团队

主　创：兰小平　卢大斌
成　员：杨建新　刘文军　杨一铭
　　　　王　波　邓伟倩

前言

现代武器装备的研发与使用是一项复杂的系统工程,具有很强的探索性和综合性,涉及大量的评估与决策问题。武器装备系统效能评估是武器装备研究、制造、生产和装备使用过程中对有关问题进行判断、选择与优化的重要理论和方法,由于复杂的作战场景、作战环境等因素的影响,系统效能分析将变得更加困难。本书以自动步枪的系统效能评估为主线,重点突出系统效能评估的整体性、综合性,从自动步枪的作战环境、评估指标体系、评估权重、评估算法、元评估和体系贡献率等方面进行分析和研究,不仅注重自动步枪单项性能指标的提升,而且强调从整个系统上评估其综合作战能力,正确分析和评估自动步枪能力存在的薄弱环节,为自动步枪武器装备建设的发展目标和发展方向提供定量的数据支持。

全书的组织结构共分8章。

本书由兰小平总体设计,卢大斌、杨建新、刘文军、杨一铭、王波、邓伟倩等共同编写。

第1章绪论介绍了自动步枪系统效能的概念、构成,以及国内外研究现状和本书的结构。第2章着重对山地作战环境和城市作战环境的特点以及自动步枪的影响进行了分析。第3章主要分析了评估指标体系的构建原则、构建过程,对评估指标的量化方法进行了介绍,并给出权重的确定方法。最后给出了自动步枪系统效能的评估指标体系以及确定了山地作战和城市作战下的权重。第4章主要对加权和法、加权积法、理想点法、模糊综合评判法、灰色关联分析法、雷达图法、集对分析法、物元分析法、SEA法进行了详细分析,最后对典型自动步枪系统效能采用多种方法进行了评估应用。第 5 章对多个评估结果的综合进行了分析，使综合评估的结论更贴近实际。第 6 章从评估指标体系、评估数据、评估方法和评估结果等四个方面对元评估进行分析，对评估的信度作出客观、科学、全面的评价。第 7 章主要从体系贡献率的度量方法、评估流程进行分析，并且对自动步枪的体系贡献率进行了典型应用。

本书在编写过程中得到了多方面的大力支持和热情鼓励，以及许多专家和同仁的指导和帮助，同时参考了许多专家、同行的著作和论文，书中已作引用说明，在此表示深深感谢。在本书编写过程中特别感谢马亚龙、潘丽君两位老师的大力帮助。

本书的部分研究成果得到了瞬态冲击技术重点实验室基金项目和 JCKY202109B016 项目的资助，在注重系统效能评估理论实用性的同时，尽量突出内容的前瞻性和先进性，反映自动步枪系统效能评估的研究新成果。通过本书，我们希望把在系统效能评估科研和实践过程中采用过的、积累的一些新方法贡献出来，为促进系统效能评估、综合评价领域的科研贡献微薄之力。由于积淀不多，作者们的水平有限，不妥之处在所难免，敬请广大读者批评指正。

作　者

2022 年 5 月

目 录
CONTENTS

第1章　绪论 ··· 001

1.1　自动步枪概述 ·· 001
   1.1.1　自动步枪的概念 ·· 001
   1.1.2　自动步枪的构成 ·· 003
   1.1.3　典型自动步枪 ··· 003
   1.1.4　枪弹 ·· 010

1.2　系统效能评估概述 ··· 012
   1.2.1　效能 ·· 012
   1.2.2　系统效能 ··· 013
   1.2.3　效能评估 ··· 014
   1.2.4　效能评估层次 ··· 015
   1.2.5　自动步枪系统效能评估 ··· 016

1.3　国内外研究现状 ·· 017
1.4　本书结构 ··· 018

第2章　自动步枪作战环境分析 ··· 020

2.1　山地作战环境分析 ··· 020
   2.1.1　山地作战环境的特点 ·· 020
   2.1.2　山地作战环境对自动步枪的影响 ······································· 022

2.2　城市作战环境分析 ··· 023

2.2.1 城市作战环境的特点 ………………………………………… 023
2.2.2 城市作战环境对自动步枪的影响 …………………………… 026

第3章 自动步枪系统效能评估指标体系 ……………………………… 028

3.1 基本概念 ………………………………………………………… 028
3.2 评估指标体系构建的原则 ……………………………………… 030
3.3 评估指标体系构建过程 ………………………………………… 031
3.4 评估指标体系优化 ……………………………………………… 033
3.4.1 评估指标体系简化 …………………………………………… 033
3.4.2 评估指标体系检验 …………………………………………… 039
3.5 评估指标量化方法 ……………………………………………… 040
3.5.1 定性指标量化 ………………………………………………… 041
3.5.2 定量指标规范化 ……………………………………………… 041
3.5.3 评估指标量化值聚合模型 …………………………………… 046
3.6 评估指标权重 …………………………………………………… 048
3.6.1 权重的概念 …………………………………………………… 048
3.6.2 权重方法分析 ………………………………………………… 049
3.6.3 主观赋权法 …………………………………………………… 049
3.6.4 客观赋权法 …………………………………………………… 057
3.6.5 主客观组合赋权法 …………………………………………… 058
3.7 典型自动步枪系统效能评估指标体系构建 …………………… 059
3.7.1 自动步枪机动能力 …………………………………………… 061
3.7.2 自动步枪火力打击能力 ……………………………………… 064
3.7.3 自动步枪适应能力 …………………………………………… 079
3.7.4 自动步枪生存能力 …………………………………………… 081
3.7.5 自动步枪可靠性 ……………………………………………… 082
3.7.6 自动步枪维修保障能力 ……………………………………… 084
3.7.7 自动步枪枪械寿命 …………………………………………… 086
3.8 自动步枪系统效能评估指标权重确定 ………………………… 088
3.8.1 基于层次分析法的权重确定 ………………………………… 088
3.8.2 基于层次分析法的自动步枪系统效能权重确定 …………… 092
3.9 自动步枪系统效能评估指标聚合模型 ………………………… 100

第4章 自动步枪系统效能评估方法 ········· 103

4.1 概述 ········· 103
4.2 常用系统效能评估算法 ········· 104
4.2.1 加权和法 ········· 104
4.2.2 加权积法 ········· 105
4.2.3 ADC方法 ········· 106
4.2.4 理想点法 ········· 109
4.2.5 模糊综合评判法 ········· 112
4.2.6 灰色关联分析法 ········· 117
4.2.7 雷达图评估法 ········· 119
4.2.8 集对分析法 ········· 121
4.2.9 SEA方法 ········· 123
4.2.10 物元分析法 ········· 126
4.3 典型自动步枪系统效能评估应用 ········· 128
4.3.1 自动步枪评估系统效能评估任务 ········· 129
4.3.2 城市/山地作战环境下自动步枪的系统效能评估 ········· 130

第5章 自动步枪系统效能评估结果的综合 ········· 139

5.1 单一评估方法的局限性 ········· 139
5.2 评估结果的分类 ········· 140
5.3 评估结果综合 ········· 141
5.3.1 评估结果的分析 ········· 141
5.3.2 评估结果的组合 ········· 146
5.4 自动步枪系统效能综合评估应用 ········· 153

第6章 自动步枪系统效能元评估 ········· 155

6.1 元评估的概念 ········· 155
6.2 评估指标体系的信度 ········· 157
6.3 评估数据的信度 ········· 157
6.4 评估方法的信度 ········· 158
6.5 评估结果的信度 ········· 159
6.6 自动步枪系统效能元评估应用 ········· 160

第7章　自动步枪体系贡献率评估 ……………………………… 163
7.1　基本概念 …………………………………………………… 163
7.2　体系贡献率的度量方法 …………………………………… 166
7.3　体系贡献率的评估流程 …………………………………… 167
7.3.1　使命任务分析 ………………………………………… 167
7.3.2　对抗场景设置 ………………………………………… 168
7.3.3　能力指标梳理 ………………………………………… 169
7.3.4　评估矩阵确立 ………………………………………… 169
7.3.5　定性定量计算分析 …………………………………… 172
7.4　自动步枪的体系贡献率评估 ……………………………… 173
7.4.1　使命任务分析 ………………………………………… 173
7.4.2　对抗场景设置 ………………………………………… 174
7.4.3　效能指标确定 ………………………………………… 174
7.4.4　能力指标梳理 ………………………………………… 175
7.4.5　评估矩阵确立 ………………………………………… 176
7.4.6　定性定量计算分析 …………………………………… 176

参考文献 ………………………………………………………… 180

第 1 章
绪　论

随着新材料、新工艺、新结构和高新技术的大量运用，步兵轻武器的战斗力得到极大的提高，而步枪特别是自动步枪作为轻武器的最主要代表，向着小口径化、枪族化、轻量化、通用化、高精度化的方向发展，其作战效能更是产生了质的飞跃。分析研究我军和外军轻武器，尤其是步枪的性能和作战效能，了解和掌握我军武器装备的技术在世界上的先进程度和所处的位置，清晰定位发展水平、顶层规划路线、明确发展方案与重点的基础工作，研究与创新针对自动步枪的效能评估理论方法具有重要的理论和实际应用价值。

本章从自动步枪的概念入手，介绍自动步枪的相关概念、一般分类以及效能、系统效能评估的内容、方法与现状等内容，为本书后面的论述奠定基础。

1.1　自动步枪概述

1.1.1　自动步枪的概念

轻武器是指可由单兵或班组携带和使用的武器，传统概念是指枪械。枪是指口径在 20 mm 以下，利用火药气体能量发射弹丸的管形火器，是步兵完成战斗任务的主要武器，同时还广泛装备各兵种。

枪械的种类很多，按用途分，可分为手枪、步枪、冲锋枪、机枪和特种枪等；按自动化程度分，可分为非自动、半自动和全自动三种。

步枪是一种单兵使用的长身管肩射式武器。步枪是步兵的基本装备，同时也是其他军（兵）种的重要装备，是目前装备量最大、使用范围最广的轻武器。步枪的战术使命主要是以火力杀伤暴露的有生目标，必要时也可用刺刀和枪托进行搏斗，有的步枪还能发射枪榴弹，杀伤集群有生目标和毁坏薄壁装甲目标。

步枪的分类，按自动化程度分为非自动、半自动（自动装填）和全自动三种，现代步枪多为自动步枪。按用途分，可分为普通步枪、突击步枪（又称自动步枪、骑枪、卡宾枪）和狙击步枪。按使用的枪弹分，又可分为大威力枪弹步枪、中间型枪弹步枪、小口径枪弹步枪。

现代步枪的主要特点：

- 采用多种自动方式。包括枪机后坐式、管退式、导气式，但多数现代步枪的自动方式为导气式。
- 有多种发射方式。包括单发、连发和3发点射方式等。
- 一般配有枪口制退器、消焰器、防跳器，有的可安装榴弹发射器，发射枪榴弹。
- 采用弹仓式供弹机构，半自动步枪一般采用不可更换的弹仓，容弹量5~10发；自动步枪则采用可更换的弹仓，容弹量10~30发。
- 全枪长度较短，一般在1 000 mm左右，质量小，空枪质量一般为3~4千克，便于携带和操作使用。
- 初速高，一般为700~1 000 m/s；战斗射速高，半自动步枪为35~40发/min，自动步枪则可达600~1 000发/min，能够形成密集火力。
- 寿命长，半自动步枪为6 000发，自动步枪不低于10 000~15 000发。

综合起来，自动步枪是指首发后靠火药气体压力及弹簧的作用力完成推弹、闭锁、击发、退壳和供弹等一系列动作的连发步枪，是一种突击步枪。也就是说，只要扣住扳机，就能连续射击，直到枪内子弹用尽。非自动步枪只能单发，而且装弹和退壳都要手工操作，射速低、使用不便。

世界上第一支能够连发的步枪由美国人克里斯托夫·斯潘塞于1860年发明的。这支枪枪托内有一直通枪膛的洞，洞内即弹仓，容弹10发，洞口有弹簧，以簧力推子弹入膛。

20世纪40年代末以前，半自动步枪占主导地位，如美国的M1式加兰德、苏联的西蒙诺夫、法国的1918式等。但半自动步枪射速低，难以做到对目标的快速射击。

第二次世界大战期间，德国研制了发射7.92 mm中间型枪弹的StG44式突击步枪。尔后，苏联研制了M43式7.62 mm中间型枪弹和发射此弹的AK47式7.62 mm突击步枪。第二次世界大战后，北大西洋条约组织各国于1953年底正式采用美国T65式7.62 mm枪弹作为该组织的制式步枪弹，并先后研制成采用此弹的自动步枪。例如，美国的M14、比利时的FNFAL、联邦德国的G3式自动步枪等。苏联于50年代对AK47式突击步枪加以改进，推出了AKM式突击步枪及同口径的RPK轻机枪，实现了步枪、机枪通用化和系列化。60年代以后，各国相继研制和装备了小口径自动步枪。美国于1962年定型了发射5.56 mm枪弹的M16式小口径步枪，首先装备美国空军。1977—1980年北约对小口径步枪弹进行选型试验，确定比利时5.56 mm SS109枪弹为北约标准枪弹。此后，西方各国研制了一系列发射北约标准枪弹的小口径步枪。典型的有美国的 M16A1/A2 式、法国的 FAMAS 式、奥地利的 AUG 式等 5.56 mm 自动步枪。苏联于 1974 年定型并装备了 AK74 式 5.45 mm 突击步枪。俄罗斯 1994 年研制成功了尼克诺夫 AN94 式 5.45 mm 突击步枪，并同时推出同口径的 AK100 系列新式突击步枪。

中国于 20 世纪后期研制成功了第一代 5.8 mm 小口径自动步枪和第二代 5.8 mm 小口径枪族。

随着科学技术的迅速发展，一些性能和作用独特的步枪，如无壳弹步枪、液体发射药步枪、箭弹步枪、步榴合一枪、电击发步枪等，将会进一步完善和发展；未来的自动步枪将继续向设计人性化、结构模块化、武器系统化、重量轻量化、瞄具光电化、功能和平台多样化的方向发展。

1.1.2 自动步枪的构成

自动步枪多采用导气式自动方式、枪机回转式闭锁机构、弹匣式容弹具、击锤回转式击发机构。半自动步枪能自动装填，但不能自动发射，射击时，每扣动一次扳机便可射出一枚子弹。半自动步枪比非自动步枪的射速提高了两倍以上。全自动步枪除能自动装填外，还能自动发射，只要射手扣住扳机不放，就可以连续射击，直到弹匣内的子弹全部打完。由于自动步枪不需要人工退壳和装弹，所以提高了战斗射速，减少了射手的疲劳，也便于射手集中精力观察、瞄准目标。自动步枪口径通常小于 8 mm，发射步（机）枪弹，一般枪长 1 000 mm 左右，枪重约 4 kg，容弹量 10～30 发，初速 700～1 000 m/s，有效射程多为 400 m。装备数量较多的是 6 mm 以下的小口径自动步枪。

1.1.3 典型自动步枪

目前世界上各国装备的自动步枪种类、型号很多，主要口径有 5.45 mm、5.56 mm 和 7.62 mm，也有 7.5 mm、7.92 mm，甚至还有 11.43 mm、12.7 mm 和 15 mm 等。

（1）81 式自动步枪

81 式自动步枪是中国人民解放军装备的一种制式步枪。于 1979 年下达的研制任务，1981 年设计定型，在 1983 年正式投入大量生产、正式装备中国人民解放军。采用木质固定枪托和采用折叠金属枪托的 81 式自动步枪统一称为 81-1 式自动步枪（又称八一杠）。81 式自动步枪与 81 式 7.62 mm 轻机枪组成 81 式枪族。这 3 种武器的主要结构相同，自动机、复进机、击发机构、导气系统、供弹具都能在枪族内各枪间互换使用，约有 65 种零部件可以互换通用,连同其他零部件通用率达到70%。

图1-1 81式自动步枪

81式班用枪族取代正在装备的56式半自动步枪、56式冲锋枪和56式轻机枪,但仍采用56式7.62 mm枪弹。由于在1978年已经正式决定中国将来会采用5.8 mm口径的小口径自动步枪,所以研制81式枪族的目的是在装备小口径步枪之前提供一种过渡型武器。但通过实战证明,81式枪族是一种性能优良的武器,精度好、动作可靠、操作维护简便,在老山前线的战斗中表现良好。81式枪族包括班用轻机枪和自动步枪,自动步枪中采用固定木质枪托的称81式自动步枪,采用折叠金属枪托的称81-1式自动步枪。各种枪的基本结构完全相同,自动机、复进机、击发机、导气系统、供弹具都能在族内各枪互换使用,连同其他零部件通用率达到70%。

作为要求在短时间内完成设计的过渡枪型,81式枪族全部采用成熟技术和设计,采用短行程活塞式导气系统,其他结构与56式冲锋枪类似。81式步枪全长为950 mm,枪管长440 mm,介于56式半自动步枪和56式冲锋枪之间。

(2) 95式自动步枪

95式自动步枪(QBZ-95,QBZ为源自汉语拼音"枪-步-自动"的类别代码),是由中国北方工业集团公司研制的突击步枪,属于95式枪族的一部分,为当前中国人民解放军的制式自动步枪之一,它是中国研制的第二种小口径步枪,也是解放军第一种大规模列装部队的小口径自动步枪。

95式自动步枪于1989年提出研制指标要求,于1995年设计定型,命名为QBZ95式5.8 mm自动步枪(简称95式自动步枪)。该枪于1997年作为中国

图1-2 95式自动步枪

人民解放军驻港部队的配用武器首次露面。95式为无托结构步枪,导气式自动方式,机头回转式闭锁,可单、连发射击,机械瞄准具为觇孔式照门。95式自动步枪与QBB95式5.8 mm班用机枪(简称95式班用机枪)形成95式枪族。后来又增加了短枪管的QBZ95B短突击步枪,从外观上最明显的区别就是把照门移到机匣的后部。根据文章介绍,该枪在2003年12月设计定型。其实在1989年决定设计新型小口径突击步枪时,就已经有传统结构和无托结构两个方案。无托方案即95式虽然早已定型,但由于本身的一些缺点,加上有人认为应该为部队提供两种方案进行选择,所以有托方案的研制一直在进行着。但在研究过程中发现95式的结构不能照搬到传统结构的步枪上。95式枪族及其他5.8 mm口径班用枪族已装备作战部队。简易夜瞄装置采用放射性同位素钷147通过填涂方式装配,使用中存在亮度不足和容易脱落问题,而且钷147的半衰期也不能满足军品长期贮存的要求,给部队使用带来许多不便;研制的二代微光瞄准镜由于价格问题不可能全面装备,而且200 m的夜视距离也显不足,全天候作战能力有待提高。

95式自动步枪使用光学瞄具瞄准不便,这主要是受"应满足以机械瞄具为主要瞄准方式"要求的限制而造成的,安装光学瞄准镜后瞄准基线太高,无法舒适贴腮瞄准。

类似于M16的有托枪通常利用弹匣作为下挂榴弹发射器的握持部位,95式自动步枪由于采用无托结构,加装下挂防爆榴弹发射器后只能利用小握把作为握持部位,实际使用时不方便。

(3) QBZ97式自动步枪

外贸型97式自动步枪,1999年刚公布图片时曾被称为99式,在2000年的刊物上正式称为97式,是QBZ95式自动步枪的出口型,口径为西方国家流行的5.56 mm NATO,主要是发射SS109规格的步枪弹。QBZ97整枪特点与QBZ95式基本相同,在外观上最明显的区别是两枪的机匣外形和弹匣。97式在供弹具的位置上有一个向下凸出的接口,而 95 式比较平坦;97 式的供弹具是直插装卸、侧面卡制的"直弯直"型铝合金弹匣,即 M16 标准的弹匣,而 95 式采用前后卡制、转动装卸的"全弯"型塑料弹匣。

图 1-3　97 式（外贸型）自动步枪

（4）03 式自动步枪

03 式自动步枪是中国研制的一种小口径步枪。该枪在 2003 年 12 月设计定型。03 式 5.8 mm 自动步枪不仅战术性能达到了世界同类武器的先进水平,而且具有独特的魅力——外形流畅美观,折叠式枪托能满足多兵种的使用要求;瞄准基线低,作战人员射击时隐蔽性好,增强了安全性;贴腮射击时离抛壳窗较远,作战人员不会受飞出的弹壳威胁和后溢的火药燃气的干扰;用刺刀刺杀时,更便于作战人员操枪使用;机械瞄准具、光学瞄准镜的贴腮高度设计合理,射击舒适,人机工效性好,并加长了机械瞄准具的瞄准基线,从而提高了射击精度。

图 1-4　03 式 5.8 mm 自动步枪

03 式 5.8 mm 自动步枪的主要结构:该枪的折叠托为尼龙塑料与枪托连接座注塑成形,卡笋扣与下机匣连接,有间隙补偿,可确保连接牢固,没有松动。上机匣和下机匣均采用铝合金制成，并采用恒温模锻先进工艺，减少了外形加工。上机匣内装有较长的自动机导轨，保持了长导引的特性，从而保证了自动机运动平稳，对提高射击精度和可靠性极为有利。其左侧铆接有抛壳挺，前部与节套铆成一体，瞄准镜座与表尺座直接设置在上机匣顶部。下机匣设置有枪托座，机匣内容纳发射机、弹匣槽，并有自动机后坐缓冲器，不但射击稳定，还可减缓机匣的受力。下机匣通过前穿销与节套连接，后穿销与上机匣连接。这种上、下机匣结构不仅保证了表尺座、瞄准镜座使用时的一致性，而且全枪分解结合也非常方便。闭锁机构仍为枪机回转式，对称的两闭锁支撑面可在枪机框上实现长导引。拉机柄在右侧，复进机为复进机座、套管、复进簧导杆三节组件，前部装入枪机框复进簧孔内，后部顶在上机匣后端面上。导气系统采用活塞短行程，活塞头与活塞杆采用分离式结构。

（5）M14自动步枪

由于早期的自动步枪使用当时的标准步枪弹药，威力过大，后坐力使连续射击时难于控制精度。最早在第一次世界大战期间俄国人费德洛夫就研制了发射威力小一些、枪弹口径为6.5 mm的自动步枪。

图1-5　M14自动步枪

自第一次世界大战中出现的勃朗宁自动步枪，随后有美国人研制的 M14 自动步枪、M16自动步枪，苏联米哈伊尔·卡拉什尼科夫研制的 AK-47 突击步枪等。突击步枪发射中间型威力步枪弹或者小口径步枪弹。中间型威力枪弹长度比原有步枪弹短，使得枪的后坐力大大减小，解决了自动步枪无法连续准确射击的技术瓶颈。小口径步枪弹一般指弹药口径小于6 mm，弹丸长径比大，高速射中人体后会失稳翻滚造成人体组织大面积创伤。使用小口径枪弹的步枪具有重量轻、易操控等特点。

第二次世界大战中，美军使用的是 M1 式 7.62 mm 加兰德半自动步枪。由于该枪质量较大，弹仓容弹量（8发）太少，故美国军方在1944年提出以新枪替换它。1945年美国实施"轻型步枪研究计划"。其主要要求是：口径7.62 mm，总质量不大于4.1 kg，弹匣容量20发，配两脚架，枪托能折叠。在整个研制过程中，美国数家兵工厂拿出了几十种样枪，还有一些外国枪也参与了选型。最后剩下 4 种枪进行严格的选型试验：美国斯普林菲尔德武器公司研制的发射 T65 式枪弹的 T44 样枪，英国恩菲尔德兵工厂研制的 EM2 样枪，比利时 FN 枪械公司的 FAL 自动步枪（命名为 T48）。试验结果是，T48 步枪名列第一，斯普林菲尔德武器公司的 T44 步枪位居第二。T44 步枪是著名枪械设计师约翰·坎特厄斯·加兰德在 M1 式加兰德步枪基础上开始设计的自动步枪。1957 年 5 月 1 日，美国陆军宣布正式采用 T44 步枪。美国军方定型命名为 M14 步枪，1958 年在斯普林菲尔德兵工厂投产。M14 步枪成为美国军队制式装备，用来代替 M1 式加兰德步枪、M1 卡宾枪、M1918 式勃朗宁自动步枪。

（6）AK-47 自动步枪

图 1-6　AK-47 自动步枪

AK-47 自动步枪，是由苏联枪械设计师米哈伊尔·季莫费耶维奇·卡拉什尼科夫设计并于 1947 年定型的自动步枪。

1946 年，卡拉什尼科夫在他设计的使用 7.62×39 mm M1943 式中间型威力枪弹的半自动步枪的基础上，设计了一种可连发射击的样枪（称为 AK-46）。他设计的回转式闭锁枪机，成为此后设计的 AK 系列枪械闭锁机构的原型。同年参加靶场选型试验。经过一系列试验，改进了导气装置与活塞系统，设计而成 AK-47，在风沙泥水环境中经过严格测试，1947 年被选中定为苏联军队制式装备，1949 年最终定型，正式投入批量生产，在伊热夫斯克军工厂生产。1951 年开始装备苏联军队，取代西蒙洛夫半自动卡宾枪。在 1953 年 AK-47 改变了机匣的生产方法，由冲压工艺变为机加工艺。AK-47 开始大量装备苏联军队。苏军所装备的 AK-47 于 50 年代末由其改进型 AKM 所取代。从 50 年代到 80 年代，AK-47 系列是苏联军队和华沙条约组织国家军队制式装备。在 80 年代 5.45 mm 口径型 AK-47 系列装备苏联军队后，AK-47 系列逐渐从苏军制式装备中退出。

（7）勃朗宁自动步枪

勃朗宁自动步枪（browning automatic rifle，BAR）。

在第一次世界大战期间，美国军队参战后发现，在欧洲大陆环境恶劣的堑壕战中，他们缺乏密集的火力。1917 年由著名武器设计师约翰·摩西·勃朗宁设计的一种可半自动或全自动射击步枪的方案很快被军方选中为制式武器，优先迅速投产,被命名为"M1918 式勃朗宁自动步枪",装备美国军队。勃朗宁自动步枪在 20 世纪 30 年代由欧洲比利时 FN 公司仿制生产,改用 7.92 mm 口径枪弹,增加了一个减速机构,使全自动射击时有两种射速;配有气体调节器调整枪弹发射时进入导气装置的火药气体量,枪管长 550 mm,全枪质量 9 kg,于 1930 年定型,称为"M1930 式 7.92 mm 勃朗宁轻机枪",作为轻机枪受到一些国家的欢迎。

(8) G36 自动步枪

G36 自动步枪(Gewehr G36)是德国联邦国防军装备的一种自动步枪。G36 步枪的优异性能令 HK 公司对 G36 投入了更多的精力,为满足不同的作战需求,对 G36 标准型突击步枪进行不同程度的改造,总共推出了 7 种变型枪,如图 1-7 所示:G36K 短步枪、G36 卡宾枪、G36E(外贸型 G36)步枪、G36 运动步枪、G36 概念狙击步枪、MG36 轻机枪和 G36C 突击步枪。

图 1-7　G36 系列自动步枪

1990 年,当时的西德国防军已决定采用 G11 无壳弹步枪来换装服役超过 30

年的 G3 步枪，但和平扼杀了 G11 方案，在 G11 投产前柏林墙倒塌，随着东西德统一，带来一系列经济问题，G11 方案的资金被全部抽调，方案被迫取消。

在世界上主要国家，特别是北约组织的主要国家的军队都使用 5.56 mm 步枪的情况下，德国的维和部队仍携带着 1959 年装备的 7.62 mm 的 G3 步枪。德国感到必须尽快为陆军，尤其是快速反应部队换装新的步枪。

由于时间和经费的问题，德国并没有打算研制全新的步枪。德国军方最初的方案是和以色列的加利尔和芬兰的 SAKO M92 步枪类似，利用前东德所有的兵工设备及 AK 步枪的技术生产一种使用 5.56 mm NATO 弹的 AK 型步枪。前东德 VEB 公司曾研制过一种 Stg940 系列突击步枪，基本上符合德国国防军的初步构想，因此技术可行性与降低成本都不成问题，但这个方案的俄国色彩过于强烈，在保守派的反对下取消。

G36 标准型步枪：原型枪为 HK50 型步枪，全枪长 998 mm，枪管长 408 mm，折叠式枪托，采用 3 倍放大倍率的光学瞄准镜。它可在光学瞄准镜前方的提把上安装前置式 NVS80 夜瞄具，该瞄具中的棱镜可将增强的图像折射到瞄准镜上。G36 标准型是 G36 系列的基本型号。

G36K 型短步枪为短枪管型，全枪长 860 mm，枪管长 270 mm，折叠式枪托，采用英国激光制品公司的休尔费尔战术灯和激光瞄准镜，普通瞄具为框式表尺，表尺射程 350 m，可下挂 40 mm AG36 榴弹发射器。采用了与标准型 G36 不相同的枪口消焰器。

G36 型卡宾枪采用 318 mm 枪管，折叠式枪托。

G36E 型步枪是按照标准型设计的外贸型枪，采用 1.5 倍的光学瞄准镜。

G36 运动步枪采用拇指孔枪托，可调式贴腮板，单发射击，弹匣容弹量 5 发。

G36 型狙击步枪与运动步枪一样，采用拇指孔枪托和可调式贴腮板，枪管为振动小的厚壁枪管，击发机构改造成单发射击，扳机扣力更加平稳，机匣上面的提把改为大型的瞄准镜座导轨，弹匣容弹量 5 发。

1.1.4 枪弹

（1）枪弹的构成

枪弹通常由弹头、药筒、发射药和火帽部分组成。弹头通常由弹头壳（又称被甲）、铅套和内部配件三部分组成。

（2）枪弹的分类

①按枪弹配属枪种分类

枪弹以其配属的枪种可分为手枪弹、步机枪弹和大口径机枪弹。步枪弹供步枪发射。目前，军用步枪弹的主要口径有 7.62 mm、5.56 mm 等等，而以 5.56 mm 最为普遍。某些步枪弹可兼作机枪枪弹。

②按枪弹口径分类

枪弹按其口径可分为小口径枪弹、中口径枪弹和大口径枪弹。

一般把 6 mm 以下口径的枪弹称作小口径枪弹，把 12 mm 以上口径的枪弹称作大口径枪弹。界于小口径与大口径之间的称为中口径枪弹。

③按枪弹用途分类

枪弹按用途可分为主用弹、特种弹和辅助弹。供直接杀伤有生目标和固定目标的枪弹为主用弹，例如杀伤弹、穿甲弹等等。

特种弹是指用于供完成某些特殊战斗任务又不直接摧毁目标的各种弹。例如信号弹、照明弹、烟幕弹、宣传弹、干扰弹等。

辅助弹是用于靶场试验和部队训练、院校教学用的枪弹，例如演习弹、空包弹、教练弹、配重弹等。

④按枪弹直径与枪械口径之比分类

按枪弹弹头直径与枪管口径之比可分为适口径弹和次口径弹。枪弹弹头直径与枪管口径相同者称为适口径枪弹，大多数枪弹均为适口径枪弹。枪弹弹头口径小于枪管口径的叫做次口径枪弹，例如国外研制的次口径脱壳穿甲弹及研制中的远程榴弹即属于这种枪弹。另外，还有一种超口径弹，即弹径大于发射筒的口径如某些火箭筒发射的反坦克破甲弹即属于这一类。

⑤按火药有无弹壳包容分类

通常所说的枪弹其火药均由金属弹壳包容，故无特殊声明，枪弹都是带金属弹壳的。可燃弹壳的枪弹是采用可燃物制成，发射时在膛内燃烧完，无须退壳，从而简化了武器结构。无壳枪弹是指不带常规弹壳的枪弹，常规弹壳的功能分别由枪械和新的装药结构来完成。

⑥按枪弹作用分类

有一类枪弹属于单作用枪弹，这种枪弹只有单一用途，如普通、穿甲弹、燃烧弹和爆炸弹。另一类枪弹可具有多种作用，多作用枪弹只是单作用枪弹的几种作用的合成，如穿甲燃烧弹。

（3）枪弹的作用

在实战中使用的枪弹主要包括普通弹、穿甲弹、曳光弹、燃烧弹、爆炸弹。

①普通弹

普通弹主要是用于杀伤有生目标如人员、马匹等，是手枪、步枪、机枪的基本弹种，在战争中其消耗量最大。

② 穿甲弹

穿甲弹主要用来对付装甲目标，并具有类似普通弹的杀伤作用，其结构与钢芯普通弹大致相同，但钢芯采用高强度钢。典型的穿甲弹是由弹头壳、铅套和穿甲钢芯三个元件构成。

③ 曳光弹

曳光弹主要以亮光或烟迹显示弹丸的飞行轨迹和落点，用以指示和修正射击方向。曳光弹也具有一定的杀伤和燃烧作用。

④ 燃烧弹

燃烧弹用来对付易燃目标，如木材、草滩、液体燃烧（汽油、煤油等）。并用来破坏城镇的建筑、仓库，使其着火。同时也广泛用于射击飞机和车辆，未来战争投入的车辆、飞机增多，所以各种燃烧弹的作用就更加显著。

⑤ 爆炸弹

爆炸弹是通过一定的起爆装置使弹头爆炸，用以毁伤目标，同时它也具有燃烧作用。爆炸弹用来对付有轻型防护措施的易燃目标：如油箱、油桶、飞机和汽车的发动机等。爆炸弹的结构包括弹头帽、被甲、铅套、炸药室、火药装药、火帽和击发机构。

1.2 系统效能评估概述

1.2.1 效能

效能的一般定义：效能是一个系统满足一组特定任务要求程度的能力（度量），或者说是系统在规定条件下达到规定使用目标的能力。"规定的条件"指的是环境条件、时间、人员、使用方法等因素；"规定使用目标"指的是所要达到的目的；"能力"则是指达到目标的定量或定性程度。

效能的概率定义：系统在规定的工作条件下和规定的时间内，能够满足作战要求的概率。

本书统一界定武器系统的效能为"在规定的条件下使用武器系统时，系统在规定的时间内完成规定任务的程度"。效能描述的是武器系统完成特定作战任务的能力，反映了武器系统在一定阶段上总的特性和水平，说明了该武器装备对军事上的有用程度。

根据研究问题的需要，效能可分为如下3类：

(1) 单项效能：指运用武器系统时，就单一使用目标而言，所能达到的程度，如防空武器系统的射击效能、探测效能、指挥控制通信效能等。单项效能对应的作战行动是目标单一的作战行动，如侦察、干扰、布雷、射击等火力运用与火力保障中的各个基本环节。

（2）系统效能：又称综合效能，指武器系统在一定条件下，满足一组特定任务要求的可能程度，是对武器系统效能的综合评价，一般通过对单项效能进行综合计算获取，反映的是"平均"意义上武器系统的综合能力水平。

（3）作战效能：有时称为兵力效能，指在规定条件下，运用武器系统的作战兵力执行作战任务所能达到预期目标的程度。这里，执行作战任务应覆盖武器系统在实际作战中可能承担的各种主要作战任务，且涉及整个作战过程，因此，作战效能是任何武器系统的最终效能和根本质量特征。需要指出的是，关于武器系统的作战效能，目前尚缺乏统一的定义。有的定义局限于武器系统的火力毁伤效能，有的则把综合效能看作是作战效能，本书把武器系统的作战效能定义为运用武器系统的作战兵力的效能，因而也可称为兵力效能。

1.2.2 系统效能

系统效能又称综合效能，指武器系统在一组特定任务要求的能力（度量）；或者说是系统在规定条件下达到规定使用目标的能力。"规定条件"指的是环境条件、时间、人员、使用方法等因素；"规定使用目标"指的是所要达到的目的；"能力"则是指达到目标的定量或定性程度。

由于不同的研究人员站在不同的层次，出于不同的研究目的，对效能的定义和解释也就有所不同。目前，在学术界和工业界对武器系统效能的定义中，有影响的包含以下几种：

（1）美国航空无线电研究公司的定义："在规定的条件下使用系统时，系统在规定时间内满足作战要求的概率"。它认为系统效能由战备完好率、执行任务的可靠性和设计恰当性三部分组成。

（2）美国海军的定义："系统在规定条件下和在规定时间内完成规定任务之程度的指标"，或"系统在规定条件下和在规定时间内满足作战需要的概率"。

（3）美国工业界系统效能咨询委员会（Weapon System Efficiency Industry Advisory Committee，WSEIAC）为武器系统效能下的定义是："系统效能是预期一个系统能够满足一组特定任务要求程度的量度，是系统可用性、可信性和能力的函数"。

（4）我国军用标准 GJB451A－2005《可靠性维修性保障性术语》中规定系统效能是："系统效能是系统在规定条件下和规定的时间内，满足一组特定任务要求的程度。"

从上述定义对比得知，系统效能是一个相对的、定量的值，需要考虑特定的使用环境和特定的任务目标。武器系统效能可以在宏观上评价武器装备的作用大小，比较同类武器的优劣，还可以找到最佳的兵力结构方案，定量配备兵力，找出装备发展的薄弱环节，提出将来的发展方向与发展重点，为上层决策进行服务。

1.2.3 效能评估

评估是指按照一定标准对客观事物进行考察，并对其价值做出判断的过程。

效能评估是指评估武器装备在规定条件下达到规定使用目标能力的程度。由于武器装备类型多，且构成和组合方式不同，使用方法和要求也不同，效能评估的方法也有所区别。复杂的武器装备往往具有一系列表征各种特性的战术技术性能参数，显然不能以个别参数指标来评价武器系统的优劣，而应根据承担的具体任务寻求能描述整体效果或价值的参数。这就必须把反映武器装备性能的各种战术技术指标综合在一起，形成一个或几个反映武器装备完成任务能力的数值。对武器装备各种技战术指标共同作用的效果评价、综合和处理评价中一系列问题的过程，就是对武器效能评估的过程。

效能评估是评估装备优劣最主要的手段，是评估装备作战对抗能力的主要方法，为规划、研制、鉴定、部署武器装备提供依据。由于"效能"这个名词本身就是一个模糊概念，所以效能不能被精确地测量出来，而只能通过评估得到。所谓评估的"估"，就是"估计"的意思。下面通过流程来说明装备效能评估的内涵。装备效能评估一般包括以下步骤：评估需求分析、指标体系建立、基础指标处理、效能指标解算、评估结果分析，如图1-8所示。

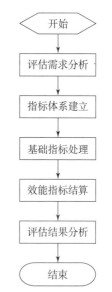

图1-8 评估指标体系构建流程建立过程简图

（1）评估需求分析

评估需求是评估活动的起点和归属。评估需求分析包含两项内容：首先明确评估对象和评估目的；然后依据评估目的，确定装备效能评估准则，即确定装备效能度量值与装备效能实际意义之间的对应关系。

（2）指标体系建立

指标体系建立，是开展效能评估活动的技术基础，即建立装备效能与影响装备效能发挥的各种因素之间的映射关系。影响装备效能发挥的因素主要有装备性能、装备运用环境、装备面对威胁等。

(3) 基础指标处理

指标体系中的基础指标通常是具有具体物理意义的参数，如装备战术技术指标等，具有不同的量纲。以基础指标为基础，计算出具有综合意义的效能指标，必须先对其进行无量纲化处理。在装备试验鉴定阶段，基础指标一般通过实物试验或仿真试验获取。

(4) 效能指标解算

效能指标解算，就是依据效能评估准则和指标体系，计算出装备效能的具体数值。效能指标解算包括三项工作：一是建立装备效能度量模型；二是获取度量模型所需的信息，如讲过无量纲化处理的基础指标、基础指标和派生指标的权重系数等；三是利用度量模型和所需信息计算出装备效能值。

(5) 评估结果分析

效能指标解算结果直接以量值方式展现，往往难以理解其实际意义。为此需要针对评估准则，对效能指标解算结果的实际意义进行分析和解释，分析和解释的过程以评估报告的形式表现出来。

1.2.4 效能评估层次

从逻辑层面，武器系统的效能评估总体上可分为两个层次：一是对武器的性能（performance）分析与评估；二是对武器的效能（effectiveness）评估，前者是后者的基础。其中武器系统的性能，是系统的行为属性，即系统的物理和结构上的行为参数和任务要求参数，或"系统按照执行某行动的要求执行这一行动能力的度量"。性能是确定系统效能指标的前提和基础。以自动步枪为例，典型的性能指标有口径、射程、射速、精度、威力、可靠性、可维修性等。知道了这些性能指标，就可以选择一个适当的系统效能指标，计算出系统效能值。

过去系统效能仅仅是根据传统的性能指标计算出来的，不突出考虑可靠性、可维修性等因素。这样所得到的系统效能是不真实的。一个武器系统，如果可靠性不高，纵然有最好的性能，也无法完成规定任务；如果可维修性不高，在发生故障时，需要花费很长时间修理，不能随时做好战斗准备，也无法完成规定任务。按照新的系统效能概念，可靠性和可维修性对系统能否完成规定任务具有十分重要的作用。从本质上讲，可靠性和可维修性指标也应当属于系统的性能指标，例如系统的平均无故障工作时间 MTBF（mean time between failure，MTBF）和平均修理时间 MTTR（mean time to repair，MTTR）。

武器的性能指标可分为单一的和综合的两种指标。单一的性能指标有口径、射程、射速等；综合的性能指标有命中概率、毁伤概率等。命中概率综合了射击精度、目标的大小和形状、射程大小、环境条件等。毁伤概率是命中概率、命中即毁伤的条件概率和射速3个指标的乘积，因而是更高一级的综合指标。最高级的综合指标就是系统效能指标，它综合了所有的性能指标。在武器系统效能分析中，往往把综合性的性能指标作为系统效能指标。

武器系统的系统效能指标取决于给武器系统规定的任务要求。不同的武器系统，需要选用不同的性能指标。单功能的武器系统，可以选用一个效能指标。例如，反坦克导弹可以用首发毁伤概率作为效能指标。多功能武器系统，需要选用几个效能指标。例如，主战坦克系统可以选用平均无故障发射发数（MRBF）作为火力系统的效能指标，选择平均无故障行驶里程（MMBF）作为底盘的效能指标，选用平均无故障工作时间（MTBF）作为通信系统的效能指标。

1.2.5 自动步枪系统效能评估

自动步枪系统效能评估是对自动步枪在规定条件下完成特定任务的能力进行度量的过程。针对自动步枪全武器系统进行评估，反映的是整个自动步枪系统的效能，具有很强的实用价值，它分析因素全面，是系统地分析武器装备完成任务的有力工具，自动步枪的系统效能的这种"本领"，既取决于武器装备本身的性能，也取决于武器装备系统的组成结构。

自动步枪系统效能是全面评估武器装备优劣最主要的手段，为规划、研制、部署武器装备提供依据，是自动步枪作战对抗能力和判断胜负的主要方法，对于全面搞好装备建设和装备论证具有十分重要的意义。

（1）系统效能评估为自动步枪的综合评价、作战使用提供定量数据支持

目前自动步枪武器装备的论证非常注重单项性能指标的提升，尤其是直射距离、命中率、毁伤能力等火力性能指标，已经可达到发达国家水平，但在作战使用中暴露出来的可靠性不高、作战环境适应性不强等问题比较突出，因此需要自动步枪的效能不仅要注重单项指标的提升更应从整个系统上提升其综合作战能力。系统效能评估研究能够综合评估自动步枪的整体效能，正确分析和评估自动步枪能力存在的薄弱环节，为自动步枪武器装备建设的发展目标和发展方向提供定量的数据支持。

（2）系统效能评估为实现自动步枪全寿命管理提供技术支撑

在自动步枪全寿命管理过程中的不同阶段，对相应的决策环节进行论证评估，为机关实现宏观层次的科学管理提供咨询建议。利用系统效能评估方法、技术和环境，可以针对未来可能的作战使用环境中，建立自动步枪效能分析与

预测模型。对新型自动步枪立项论证、研制进度、技术风险等进行综合分析和比较，优选自动步枪发展方案，逐步实现武器装备全寿命管理，为自动步枪发展决策提供可靠的技术支撑。

(3) 系统效能评估是加强新概念自动步枪先期探索研究的重要手段

世界军事领域正在发生深刻变革，高新技术的迅猛发展及其在军事领域的广泛应用，促使新的自动步枪概念和作战使用概念不断涌现。利用效能评估方法，研究未来的自动步枪在实战中的效果，已成为自动步枪武器发展的有效途径。以自动步枪建设实际需求为牵引，探索新的军事能力和新概念武器装备的技术发展途径，加大自动步枪概念创新、技术创新、装备创新的力度。

1.3 国内外研究现状

系统效能主要用来在宏观上评价武器装备作用和能力的大小，其评估过程不针对敌情，不考虑复杂的战场环境及敌人的对抗情况，其研究相对来说有一定基础，有其他武器装备的系统效能评估模型和方法可供借鉴。

国外进行专门的系统效能分析研究是从第二次世界大战以后开始的。从 20 世纪 60 年代中期开始，美国对效能评估问题开展了大量的研究，提出了各种类型的效能评估模型，并用于评估多种类型的武器装备。比较典型的是美国工业界武器系统效能咨询委员会为美国空军提出的系统效能模型（ADC 模型）、杜佩的理论杀伤力指数及武器指数等。其中，美国工业界武器系统效能咨询委员会提出的评价模型认为："系统效能是预期一个系统满足一组特定任务要求的程度度量，是系统的可用性、可信性、和固有能力的函数"，即 $E = ADC$，其中 E 代表效能（efficiency），A 代表可用性（availability），D 代表可依赖性（dependability），C 代表固有能力（capacity）。针对各种指挥信息系统或 C^4I 系统（command, control, communication, computing and intelligence system）效能评估，麻省理工学院信息与决策系统实验室的 Vincent Bouthonnier 和 A. H. Levis 于二十世纪 80 年代中期提出了系统有效性分析（system effectiveness analysis，SEA）方法，用于研究系统与使命的匹配程度，并讨论了指控系统时效性问题。Ender 等分析了弹道导弹防御作战过程，利用神经网络元模型，对弹道导弹防御系统效能进行分析。随着军用仿真技术的发展，构建仿真模拟系统，对多维作战元素、武器装备性能及作战行动等开展量化分析，模拟战场环境，实现智能辅助决策和作战体系的效能评估成为一种潮流，如 Mezzacappa 等采用军用 LVC 仿真（live simulation, virtual simulation, constructive simulation）技术对非致命性武器系统的效能进行评估。苏联比较典型的研究成果是 C. H. 佩图霍夫和 A. H. 斯捷潘诺夫著的《防空导弹武器系统的效能》和 A. A. 切尔沃纳等所著的《评定武器效能的概率法》，其对武器系统效能的研究相对比较薄弱，没有形成一整套完整的理论体系，武器系统效能表达式多以条件概率为基础，考虑问题比较简单。

我国对武器装备效能评估的研究主要是从 20 世纪 70 年代中期开始，80 年代广泛开展。我国效能评估研究大都是在借鉴美国工业界武器系统咨询委员会提出的模型的基础上开展的，如海军舰炮武器系统效能评估，其基本模型是对美国"ADC"评价模型的移植。兵器工业部轻武器效能评价模型也是以美国"ADC"为基础展开的，其评估模型为 $E = A \cdot C \cdot M \cdot S \cdot WL$，效能 E（efficiency）含义是可用度 A（availability）、可信性 C（credibility）、机动性 M（maneuverability）、适应性 S 和武器威力 WL 的函数。

朱宝鉴、朱荣昌等著《作战飞机效能评估》一书，系统地归纳总结了作战飞机效能评估的主要方法，提出了快速、简易评估作战飞机空战能力的效能指数法，并对双机空战模拟进行了探索。徐瑞恩在海军武器装备效能评估中作了许多深入的研究，所应用的指数法对空军武器装备也是适用的。

此外，许多院校及科研机构，也都在不同程度、不同角度上对武器装备的系统效能进行了研究，所采用的方法主要有层次分析法、多目标决策法、神经网络法、模糊综合评判法、灰色评判法，等等。但是，现有的这些研究成果大部分针对的是单件武器装备的效能，比如某型导弹的效能。对于多种武器装备所构成的武器系统，则主要进行单个作战单位系统效能的研究。对于包含一定数量作战单位的装备系统，数量参数对系统效能的影响，目前尚缺乏成熟的研究成果。

1.4　本书结构

自动步枪系统效能评估是一个多属性评估问题，也是一个复杂的系统工程。本书主要以评估体系的要素为主线，系统梳理系统效能评估理论和方法的最新研究成果，结合自动步枪的典型作战和环境（山地和城市）分析其使用特点和要求，构建基于武器装备性能数据的评估指标体系和不同权重，深入剖析自动步枪的性能数据和评估指标的关联关系，确定各评估指标的评估模型，根据需要选择多种评估方法进行评估，然后将多种评估结果进行兼容度分析，将评估结果进行组合，得到最终的评估结论。最后探索利用元评估全面评测评估体系的信度。本书结合课题组在效能评估方面的长期研究与实践，旨在为我军效能评估领域提出一些新的思路与经验，供大家共同参考交流。

本书按照先总后分的结构安排,如图1-9所示,第1章作为总领,重点介绍了自动步枪、系统效能评估的概念,综述了国内外研究现状,提出了本书的结构内容。第2章分析了自动步枪的两种典型作战环境。第3章建立了自动步枪的系统效能评估指标体系,对山地作战和城市作战分别赋予权重,总结了评估指标聚合模型的方法。第4章重点梳理系统效能评估的算法,并用多种经典方法对几种典型自动步枪进行了评估验证。第5章探讨了评估结果综合的分类、分析以及组合方法。第6章探讨了自动步枪系统效能的元评估,初步给出了评估结论。第7章依托前几章研究成果,构建了体系对抗任务环境,结合使命任务评价自动步枪的体系贡献率。

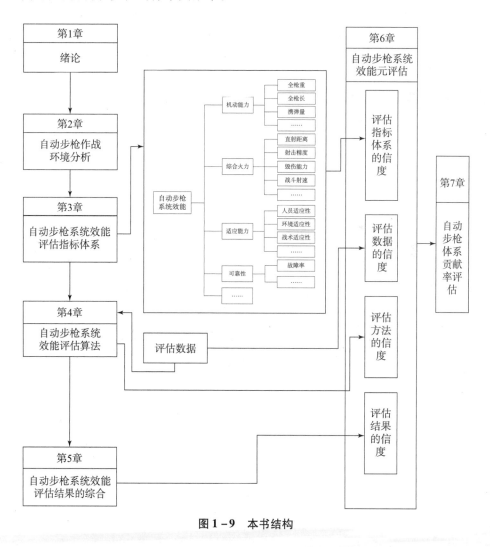

图1-9 本书结构

第 2 章
自动步枪作战环境分析

为全面履行我军新时期的历史使命，应对多种安全威胁、完成多样化军事任务，步兵分队在未来信息化局部战争和非战争军事行动任务中，将在上级编成内或独立遂行登陆与抗登陆、山地攻防、城市攻防、机降和反机降作战、边境机动作战、特种作战、反恐维稳和国际维和等任务。所以，步兵分队的作战任务、作战样式、作战方法、作战行动都发生了质的变化。其中自动步枪作为最重要武器装备的作战样式首推山地作战和城市作战。分析研究山地和城市等作为自动步枪的典型运用环境进行，可以为其系统效能评估提供作战环境方面的技术支撑。

2.1 山地作战环境分析

山地作战是在山地地区进行的作战。山地指群山连绵，岭谷交错，海拔 500 m 以上，高差大于 200 m 的地区。按海拔高度，分为低山地（500～1 000 m）、中山地（1 000～3 500 m）、高山地（3 500～5 000 m）和极高山地（5 000 m 以上）。

在我国比较典型的山地有两种：一是高寒山地，指海拔 3 000 m 以上，气候寒冷，空气稀薄的山地；二是山岳丛林地，指地形起伏显著（高差 200 m 以上），群山连绵交错，丛林聚生，植被茂密的地区。

2.1.1 山地作战环境的特点

（1）山高坡陡，山峦起伏，自然洞穴多。海拔一般在 500～2 000 m，有的高达 3 000 m 以上。坡度一般在 35°～65°。石山，顶尖脊窄，多峡谷，断岩绝壁较多；土山，风尘沉积顶部浑圆，山脊曲折断续；沟壑，雨裂纵横交错，缺科学家植被保护。热带山岳，山脚或腰部位多自然洞穴，能容纳几人或几十人，有的可容纳数百人。

（2）森林茂密，灌木丛生。多数山地被森林和荒原覆盖，终年常青，林内荫潮。部分山岳为荒山草地，间有灌木林，野生植物纵横交织。热带山岳林密草深，葛藤攀缠，难以通行，谷地、河溪两岸多灌木竹林。一般情况下，山地若海拔高，树高林疏；若海拔低，林草茂密。

（3）河少溪多，岸陡流急。山区河流均属溪流，河床较窄，河底多卵石和泥沙；河岸较陡，部分岸段岩石裸露形成绝壁；河浅水量小，流程短，以徒步跋涉。但山洪暴发，水位迅速上涨，急流奔腾，不易徒涉。

（4）道路少，质量差。山区公路多沿峡谷盘山绕行，路面窄，曲径小，涵洞、桥梁多。雨季泥泞，易塌方堵塞；冬季积雪，路迹不明，通行困难。山间小路少而窄，崎岖难行，一般地图上与实地道路不符现象多。有的山区甚至无路。

（5）气温多变，雾大潮湿。多数山区寒冷期长（6~8个月）、气温在 -12 ~ 13℃，积雪长期不化；夏季气温多变，雾大潮湿，昼夜温差大。热带地区炎热多雨，年平均气温23~25℃。全年分旱季和雨季，5~10月为雨季，年降雨量1 500 ~ 2 000 mm，相对湿度可达90%以上；11月至翌年4月为旱季，旱季多雾，一般凌晨起雾，中午逐渐消散。大雾时，能见度仅为5~10 m。

（6）高寒山地的海拔高、气压低、空气密度小、气压差异显著。如青藏高原一般海拔在3 000 ~ 5 000 m，平均海拔超过4 000 m，据实测，海拔4 000 m以上的地方，平均气压在62 000 Pa以下，比海平面标准大气压低约40 000 Pa。气温和气压对空气密度的影响恰好相反，气温降低会使空气密度增大，气压降低却使空气密度减小，高原山地的气温虽低，但气压减小对空气密度的影响要大得多，所以高原山地的空气密度比低海拔地区小，空气稀薄是青藏高原的一个重要气象特征。

（7）人烟稀少，民族较多。山区资源贫乏，经济落后，居民地小而分散，多在河谷、盆地和矿区周围。民族众多，方言、风俗习惯、宗教信仰各异，禁忌多。

（8）疫病流行，毒虫较多。热带山岳丛林地气候温热，适于昆虫和细菌繁殖，疾病多，易流行，以痢疾最常见。毒虫主要有毒蛇、马蟥、马鹿虱、蚊子等。

山地作战环境间差距还是较大的，例如西南边陲的部分高寒山地，类似阿里地区、阿克赛钦地区这样的高寒山地又有其一定的特殊性。处高山深谷，气候寒冷干燥，温差巨大。阿里地区北倚昆仑山脉南麓，西南和西部靠喜马拉雅山脉西段，与尼泊尔、印度、克什米尔为界，北方的湿气和雨水无法吹过来，而南方每年定期吹向印度大陆的季风也无法进入，全年降雨量相当少，夏季很短，冬季漫长而又严寒，最低温度范围为 -20 ~ -35℃，冬夏季间温差可达

60℃，且日夜温差大；地貌有高山、沟谷、土林、冰蚀、冲积扇和火山等。阿克塞钦北邻帕米尔高原，东南沿着喜马拉雅山可到达青藏高原，向西是拉达克地区和克什米尔地区，位于亚洲屋脊的中段，是东西方文化的要塞；高海拔，平均海拔 5 000 m，是一个高原盆地，盆地内高山耸立，地貌荒凉，属高寒气候，气候多变，渺无人烟。年均气温 －0.6℃，年降水量不到 100 mm。因高寒山地地形复杂，山势险峻，道路稀少，主要战斗行动通常沿着通道或通路展开，步兵攻坚难度大；战场空间容量小，难以展开较多兵力；道路条件差，限制了重型装备的发挥，地面机动和补给受到很大限制。1999 年印巴卡吉尔冲突是典型的高寒山地作战，冲突中呈现了卡点控道、空地协同、火力主战等显著特点。

2.1.2 山地作战环境对自动步枪的影响

山地作战环境对以自动步枪为主要武器的步兵影响较大，主要表现在：

（1）山地自然条件恶劣，气候潮湿、山石纵横，要求自动步枪有较强的适应性，在作战中可靠性高，易于日常维护。如美国的 M－16 自动步枪也由于特殊的结构设计，小细节多，使得分解、保养不易，存污能力差，在恶劣环境下可靠性不好，而 AK－47 结构简单、维护保养简便易行，在多种环境下可靠性很高。

（2）山地环境中的机动非常困难，要求自动步枪不能太重，外形尺寸不能太大，必须要方便运输和后勤补给。在高海拔地区，因此武器装备必须轻量化，以适应未来的山地作战。若单兵负荷过重，受负重拖累，会直接影响其战斗灵活性和机动能力，甚至导致不必要的非战斗成员。

（3）山地因其山峦起伏、山高坡陡、涧深谷狭、树木高低交错、杂草丛生、遮眼障目，这些情况使得射击时遮避物和死角较多，使射手观测目标、瞄准、射击受到很大的限制。如果加上人为的伪装，发现目标更加困难，特别是对静止的目标更不容易发现，因此射手要在有限的时间内及时发现目标并准确测距装定表尺是很困难的，需要自动步枪的表尺分化要装定简便快捷，能够根据敌情、地形，可以灵活采用卧姿、跪姿（坐姿）、立姿有依托、无依托和抵近射击等。

（4）在山地中，特别是在某高寒山地中，由于山地地形变化很大，有时森林密布，有时又岩石暴露，有时又很空旷，没有任何掩护。在森林密布类环境，由于侦测手段的限制，可能到很近的距离才发现敌人，这要求武器有较好的爆发火力和较高的首发命中率。在空旷地形下又要求有较好的远距离射击精度。根据山地作战的特点，对自动步枪要求较强的爆发火力和较高的首发命中率，同时要兼顾远距离射击精度，以及操作的简便，还要便于伪装。

（5）由于高原高寒地带空气稀薄、温度低、气压低、严重缺氧，射击时高低角（仰角、俯角）对射弹的影响非常大，尤其是小口径步枪，因口径小，枪弹轻，后坐力小，常常出现射弹散布不稳定，射弹容易打高、打远。同样，地形的高差，所带来的气压、气温的变化对枪弹产生的影响也是平原无法比拟的。气温主要通过影响初速、空气密度和当地音速来影响外弹道，气压主要通过影响空气密度来影响外弹道。

（6）在高海拔地区，武器很难发挥正常的功能，士兵必须对其武器进行覆盖和保护，以防因冰雪而使武器受损，光学、橡胶及皮革制品易老化，直接影响装备使用寿命和性能，电池等零部件经常不能发挥最佳的效能，复杂的机械装置由于润滑问题更容易出现故障。

2.2　城市作战环境分析

城市作战指在城市市区及其外围地区进行的作战。分为城市进攻作战和城市防御作战。随着城市化进程的不断加快，城市已成为战争的舞台，城市作战成为现代战争的一种重要作战样式。城市是由3个相互关联的要素组成的系统：复杂的城市地形、密集的居民人口和庞大的基础设施，这些因素共同作用对城市作战产生了极大影响。

2.2.1　城市作战环境的特点

城市建筑密集、街道纵横、目标众多；既有军事目标又有民用目标；既有地上目标又有地下目标，既有固定目标又有移动目标，既有设备设施等硬目标，又有重点任务等软目标。城市作战，环境对装备和技术的限制条件最多，简单的方法和手段，难以解决街道、巷子、室内和地下作战面临的诸多问题，难以预防和控制游行、示威、骚乱、恐袭等社会问题。

（1）路网发达，交通便利

城市化的地形，不论是市区还是外围，都有良好的道路贯通其中。城市外围一般有多条接近城区的道路，这些道路路面较宽，路质较好。特别是大中城市的外围地区，大多都有高速公路或高等级公路通向城区，机动性较好。在接近城区的一定距离上，地貌一般起伏不大，比较平坦。城区街道宽阔，数量较多，质量较好，路与路相通、街道与街道相连，通行能力较强。有的城区还有高架桥，车辆可以从地面道路和高架桥上并行通过，从而提高通行的速度和通过的数量。另外，一些城市还有地铁、下水道等地下系统，这些地下系统非常坚固，四通八达，有的还比较开阔，对部队的机动比较有利。可见，城市路网十分发达，具有组成复杂、功能多样、交错连接、四通八达、交叉点多、区间段相对短且宽窄和质量各异等特点。

发达的城市路网，是城市作战的主要通道。一方面，城市干道宽阔笔直，承载能力较强，为部队快速攻击、迂回和撤退提供了便捷的线路；城市路网四通八达，为部队机动和展开、迅速达成全纵深作战态势创造了条件。另一方面，受道路两侧建筑物的阻隔，可供选择的机动空间十分有限，部队只能沿着道路行进，一旦受到对方火力封锁、障碍物阻滞，部队机动突进将十分困难。因此，在城市作战中，夺取和控制城市道路十分重要，围绕道路控制权的战斗也十分激烈。防御一方会在城市道路设置街垒阻击阵地，把障碍、兵力和火力有机结合起来，阻滞对方突进，或者在交叉路口和立交桥构筑类似工事，与周围建筑物的防御工事相结合，形成坚固的防御支撑点或枢纽部，控制道路及其两侧街区；进攻一方也会集中精兵利器，全力争夺城市道路的控制权，为己方兵力兵器机动和发展进攻创造条件。

（2）街区复杂，是城市巷战的主要战场

城市由若干大小不等、功能各异的街区构成。街区作为城市居民工作、生活的场所，一般可分为核心区、商业区、工业区、住宅区，以及市区、郊区、新城区、旧城区等。由于设计功能、建设时代的差异，不同街区各有其特点。核心区、新城区等通常由高低不等的高层钢筋混凝土建筑组成，交通便利，四通八达，街道宽度多在 10 m 以上；商业区建筑物密集、高低不等，主要街道两旁商店和餐馆林立，这些街道宽度多在 20 m 以上；住宅区主要由一至数层的独立住宅和相对集中的高层公寓构成，这些建筑沿着街道不规则分布，相互之间含有较小的露天场地；工业区为满足入驻企业的需要，一般由若干大院式街区和 1~5 层的工业建筑群组成；郊区和旧城区多是由低矮楼房和平房等建筑物构成的低层密集建筑街区，临街建筑物低矮密集，街道狭窄弯曲。随着城市的改造与发展，传统意义上的郊区逐渐为现代城市的工业区和高楼区取代，或者成为城区之间的过渡地带，具有典型的城市化地形特征。

街区是城市的主体，街区巷战是城市作战的主要形式。不同的街区，由于功能、形状、大小及其建筑物、街道的分布、密度和坚固程度不同，对城市作战特别是进攻作战行动的影响也不尽相同。核心区、商业区和现代化住宅区，建筑物高大坚固、分布均匀，街道宽阔坚实、笔直通达，便于城市守军摆兵布阵，组织坚固阵地防御，也便于战斗中及时观察了解战场态势，适时机动兵力兵器，调整战斗部署。对于进攻一方来说，一方面，有利于坦克等装甲战斗车辆、武装直升机的射击和机动，便于组织一定规模的步坦协同攻击；另一方面，行动易暴露，受敌火力威胁大，通信易阻隔，部队协同困难。郊区和旧城区由于街道狭窄弯曲、视距短浅、通视性差，兵力兵器的观察、射击和机动都受到很大限制，加之建筑物低矮密集，强度较低，战斗中会造成大量瓦砾堵塞街道，不利于装甲部队展开和机动，只适合步兵小分队独立战斗。工业区以及公园、院校等大院式街区，建筑物高度低、密度小、空地多，道路通畅，便于坦克、步战车、火炮等直瞄、间瞄武器的射击和机动，也便于部队实施步坦炮协同攻击和实施迂回包围。但战斗队形易受到分割，指挥和协同比较复杂，需要经常调整战斗队形和临时组织协同。

(3) 建筑物密集

城市化地形的突出特点，就是建筑物多且比较高大，特别是住宅区的建筑，多为6层以上的建筑，高层建筑多在10层以上，有的甚至20层以上。这些建筑物大多都用混凝土和钢筋浇铸而成，非常坚固。城市核心区、商业区的高层建筑物（如写字楼、百货商店、车库楼、商业综合体等）大都采用框架结构建筑。其主要特点：写字楼等建筑物所有楼层办公室的墙都是同一厚度、窗户都是同一深度，可为狙击步枪、机枪等类轻武器提供更多的掩护和发射平台。商业区一般位于大城市中心、交通路口、繁华街道两侧、大型公共设施周围。随着城市综合体的规划建设，集商业、办公、居住、旅店、展览、餐饮、会议、文娱等城市生活空间多项功能组成的商业综合体越来越多，商业综合体的室外空间和室内空间都比较大，建筑风格统一，建筑工程规模和尺度都具有扩张性特征，各单体建筑相互配合，空间形态特殊，一般位于城市交通网络发达、城市功能相对集中的区域，拥有与外界联系紧密的城市主要交通网络和信息网络。

城市建筑物是城市作战的重要依托，能够为部队特别是守军提供良好的隐蔽条件，限制进攻部队的观察范围和射界射程，压缩防空武器的使用范围，制约和阻碍装甲部队的行动。谁控制了城市建筑物，谁就掌握了城市作战的主动权。正因为如此，城市建筑物成为交战双方的直接争夺目标。从某种意义上说，城市作战就是城市建筑物的争夺战，围绕争夺建筑物的战斗贯穿城市作战的始终，是城市作战的核心和焦点。

(4) 地下设施完善，部队渗透突击的重要通道

城市地下设施，是指建造在城市地下，供人们生产、生活、防护和储藏之用的建筑设施。主要包括地下管道、地铁隧道、地下运河、地下商场、地下厂房、地下停车场、地下室等。现代城市地下设施十分发达，具有线路长、分布广、隐蔽性好、坚固性高、整体性强、配套设施完善等特点。一些现代化大都市地铁隧道长达数百或上十千米，一般设计深度在 $10 \sim 20$ m，也有因土质影

响或战略需求深埋超过 50~60 m 的，并具有完备的排水、通风照明、通信、电力或有关安全监测系统等设施。依托地铁隧道修建有多条地下街，形成一个地铁地下街巷网络。一些高层建筑物均有人防工事或地下、半地下室，并与市区主要人防工事相通。地下人防工事成网状分布，各主要街区的地下人防通道可通行小型机动车辆及人员。

发达的地下设施构成了部队渗透突击的重要通道和凭坚据守的重要依托，对城市作战的进程和结局产生重大影响。一方面，地下工程设施为防御一方组织立体防御创造了有利条件。城市守军在利用地面设施组织防御的同时，还会充分利用大量复杂的地下工事部署兵力，隐蔽机动，适时出击，配合地面部队袭击进攻部队，并把地面和地下的作战行动紧密联系在一起，形成复杂立体的防御体系。另一方面，地下工程设施也为进攻一方隐蔽机动兵力提供了条件。水厂、煤气厂、电厂等一些地下设施，有的起点配置在城市边缘或郊区，有的远离城市，进攻一方可以利用这些设施秘密渗透、隐蔽机动，快速抵近市区重要目标，实施突然袭击。但相对地面来说，地下空间狭窄，双方的接触面很小，观察、射击、指挥和协同十分困难，进攻一方的兵力优势发挥受限，特别是重武器也无法发挥作用，只能依靠步兵使用轻武器战斗，战斗队形高度分散，内外联系和支援极为不便，战斗具有很强的独立性。

（5）利于隐蔽

城市化地形上的建筑物、树木以及地下室等地下系统，为作战人员的隐蔽提供了非常便利的条件。当部队在攻击、防守、退却以及机动时，都可以利用城市中的地物隐蔽己方的行动。当利用地下通道机动时，不论是攻方还是守方，都可以比较顺畅隐蔽地机动到对方的后方、侧方甚至战斗队形之中，实施出其不意地打击。另外，城市中的地物虽然为武器射击提供了最佳的射击阵地，也为发挥武器的战斗效能提供了有利条件，但同时也使发现目标的难度增大。

（6）变化较大

城市化地形与野战化地形相比，表现为变化速度快，现地情况与地图上的标志差别很大。特别是一些新兴的城市，城市发展速度很快，城市发展规模越来越大，从而使一些城市的边缘有了明显的扩展，失去了原有的边界，有的道路改变了，有的建筑物消失了，而有明显标志的建筑物则可能消失或出现了很大的变化。所有这些，都给作战中城市化地形的识别带来不利的影响。

2.2.2 城市作战环境对自动步枪的影响

（1）步兵进入房间搜索目标，甚至船舱、下水通道时，使用短枪管武器更加方便，能迅速地发扬火力，消灭敌人。城市作战的作战距离一般在二三十米左右。因此自动步枪有向紧凑型或无托式转化的趋势。枪身短、重量轻、威力大、功能集成。武器模块化、通用性强，可降低士兵的单兵作战负荷，提高机动作战能力。

（2）城市战斗分散独立，犬牙交错，作战空间多域，战斗双方常是一路一墙一角之隔，需要逐个房间、逐栋楼房地争夺，因此需要射出的枪弹不反跳，最好能实现拐弯瞄准和射击，利于在消灭敌人的同时保护好自身。

（3）现代战争非常注重夜战，把克敌制胜的希望寄托在夜间较量上。据不完全统计，二战以来，世界上发生的 190 余次局部战中有近百次是夜间发起的，特别是近年来发生的美入侵巴拿马、伊拉克攻占科威特、美伊海湾战争、北约轰炸南联盟等都是利用夜暗发起的。因此，夜视器材性能如何，将直接影响到部队的夜战水平。如美军在朝鲜战场上曾经使用的 M3 夜视狙击步枪，其夜视距离只有 125yd（约 114 m），且容易受到各种热源干扰。若是采用主动式红外瞄准镜，因存在红外光辐射，易暴露自己。若步枪上装备的是微光瞄准镜，则还会存在不能识别伪装、不能透视烟雾、不能识别假目标和假红外光源等缺点，况且步兵武器的瞄准装置一般不能通用组合，远不能适应高技术条件下城市攻坚战的需要。所以，应努力发展夜视能力较强的具有观、测、瞄多功能、组合化、通用化瞄准装置，其基本标准是：夜视器材与测距、测角、瞄准射击、指挥控制相结合，采用通用组件，并普及到各种类型的轻武器上，以利于维修、保养和改型。瞄准装置的体积和质量应更小，既可单兵用，又可班组用；既可白昼用，又可夜间用。以适应未来高技术条件下对城市全天候作战的需要，要求白天和晚上同时兼顾。同时，佩戴夜视仪或使用夜视观瞄镜等会导致出现一些新的人枪配合问题，持枪人员需要学习训练新的技能和技巧。

（4）在巷战中，最好是枪身短、重量轻、威力大的自动步枪，如美制 M4 式小口径卡宾枪就特别适合于城市巷战。美国称 M4 卡宾枪为街区近战武器（close quarters battle receiver，CQBR），昵称近战步枪，设计者为作战人员充分考虑了战场环境的特殊性，当作战人员在小房间、甚至船舱、城市下水道时，能迅速地发扬火力，消灭敌人。该型步枪轻便灵活，近战杀伤性强，适用于室内或狭小空间近距离突击战斗。

（5）城市中的烟、火和水蒸气多，使自动步枪的夜视设备容易失效，从而导致更多意外的误伤事件。

第 3 章
自动步枪系统效能评估指标体系

在评估过程中,无论评估数据如何客观准确,评估方法如何合理先进,如果没有科学合理的评估指标体系,所得到的评估结论必将偏离实际。因此进行系统效能评估,确定评估的指标体系是基础,效能指标的选择好坏对分析对象常有举足轻重的作用。指标是不是越多越好呢?太多了,事实上是重复性的指标,会有干扰;太少了,可能所选取的指标缺乏足够的代表性,会产生片面性。评估指标体系是联系评估专家与评估对象的纽带,也是联系评估方法与评估对象的桥梁。只有科学合理的评估指标体系,才有可能得出科学公正的评估结论。

建立评估指标体系是常见的对于复杂问题的一种评估形式,其优点是表达比较全面、细致,便于人理解和接受;缺点是指标体系是人为制定的,在体系的构成、指标的分配、要素的选择上容易出现认识上的不一致,指标的综合意义不清晰,造成评估结果的主观性。理论上看,类似作战、保障等这些问题都是非常复杂的问题,用线性方法是不适用的,但其他方法又过于复杂,不易理解,不易实行。所以目前大多数复杂问题评估,仍以建立评估指标体系,选择评估方法为主。

3.1 基本概念

1. 指标

指标是衡量事物价值的标准或评估系统的参数,是事物对主体有效性的标度。其属性值所提供的就是用数字或文字表达的主观意识或客观事实。例如武器装备的平均机动速度、弹头初速、射程等。一般来说,任何一个指标都反映和刻画事物的一个侧面。因此,它是对事物进行分析研究和判断的基本依据。指标有3个构成要素,即指标名称、计量单位和属性值。其主要性质有:

(1) 指示性:指标用来指明事物的某一特性。

(2) 具体性:指标不是抽象的概念,它反映的是事物的某一方面。每个指标都有明确的、具体的含义,即每项指标都具体地反映着客观事物的某一特性。

(3) 可度量性:每项指标都有一个具体的属性值,可以进行度量与分析。

从指标的特征看,可以将指标分为定性指标和定量指标。定性指标可以明确定义但不能精确衡量,无法量化描述而是用定性的语言作为指标描述值;定量指标可以准确数量定义、精确衡量并能设定目标的考核指标,用数据作为指标值。

从指标值的变化对评估目标的影响来看,可以将指标分为极大型指标(又称效益型指标)、极小型指标(又称成本型指标)、居中型指标和区间型指标。极大型指标是指指标数值越大越好的指标;极小型指标是指指标数值越小越好的指标;居中型指标是指指标值取在某个区间内为最佳的指标。区间型指标是指其值取在某个区间内为最佳的指标。

不论按什么方式对指标进行分类,不同类型的指标可以通过相应的函数进行相互转换。

2. 评估指标体系

从认识论的角度来看,要认识一个事物尤其是复杂事物时,一项指标的作用是非常有限的,因为每项指标仅反映事物及其运动的某一个侧面。因此,若要全面了解和研究客观事物,就不能仅靠单项指标来了解情况与作出判断,而是要使用一套能从各个角度表征该事物的指标群。同时,反映客观事物的各项指标不是孤立的,在一定范围内或条件下是相互联系的。若干个相互联系的指标所构成的有机体,就称为指标体系。

评估指标体系是由相互作用和相互依赖的评估指标组成的具有特定功能的有机整体。在评估指标体系中,每个评估指标对系统的某种特征进行度量,共同形成对系统的完整刻画。

记为

$$X = \bigcup_{i=1}^{4} X_i \text{ 且 } X_i \cap X_j \neq \Phi (i \neq j), (i,j = 1,2,3,4) \quad (3-1)$$

$X_i (i = 1,2,3,4)$ 分别代表极大型指标集、极小型指标集、居中型指标集和区间型指标集,Φ 为空集。

自动步枪的系统效能评估指标体系构建包括相关指标的获取、选择、关联、量化工作,最终要求形成指标内涵界定清晰、指标间关系正确、指标整体有效的评估指标集合。一般来说,指标体系要满足完整性、准确性、可测性等要求,同时考虑具体评估对象的区别,还需要特别考虑指标体系的适用性与简洁性。

评估指标指标体系主要包括树状结构、网状结构和混合结构三种类型,而目前最为常用的是树状结构指标体系，又称"金字塔结构"。其基本思想是基于评估指标与评估目标一致性，将评估目标逐层分解成层次分明的"指标树"。即以评估目标为"根"，分解出一级指标，再根据一级指标内涵分解出二级指标，以此类推，直到指标可以相对具体、简便地观测为止，这是一个由主干到分支、由宏观到微观的解构过程。从纵向看，上一级指标包涵全部下一级指标，全部下一级指标的内涵等同于上一级指标，上下层指标之间存在严格的隶属关系。从横向看，指标之间不重叠不交叉，相互独立相互排斥。具体结构关系如图 3-1 所示。

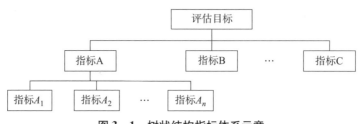

图 3-1　树状结构指标体系示意

3.2　评估指标体系构建的原则

指标体系的构建是一个定性与定量相结合的过程，其中定性分析主要用于指标体系的初步确立，而定量的方法则用于对指标体系的分析和完善。

定性分析工作主要依靠专家的经验和对评估对象的知识，其中的经验主要体现在评估指标体系构建的原则上。这些原则可以为指标体系的筛选提供基本思路，但有些原则在定性分析时无法准确地实现，所以需要通过定量的分析来对指标体系进行完善。

在建立评估指标体系时应该遵循下述原则：

（1）系统性原则

评估指标体系应能全面反映被评估对象的综合情况，从中抓住主要因素，既能反映直接效果，又要反映间接效果，以保证综合评估的全面性和可信度。

（2）简明性原则

在基本满足评估要求和给出决策所需信息的前提下，应尽量减少指标个数，突出主要指标，以免造成评估指标体系的过于庞大，给以后的评估工作造成困难，并且应避免各指标间的相互关联，使指标体系的选择做到既必要又充分。

(3) 客观性原则

评估指标的确定应避免加入个人的主观意愿,指标含义尽量明确,并注意参与指标确定的人员的权威性、广泛性和代表性,有时还需要广泛征集社会环境的意见。

(4) 时效性原则

随着科学技术、生产力的发展,人们生活水平不断提高,社会各方面都发生了巨大的变化,人们的价值观念也在不断改变,因此评估指标需要随着社会价值观念的变化而不断调整,否则会因不合时宜导致决策失误。

(5) 可测性原则

可测性是指标可定量表示,即指标能够通过数学公式、测试仪器或试验统计等方法获得。指标本身便于实际的使用,度量的含义明确,具备现实的收集渠道,便于定量分析,具备可操作性。

(6) 完备性

影响系统效能的所有指标均应在指标集中,指标集具有广泛性、综合性和通用性。

(7) 独立性

独立性是指指标间应是不相关的,指标之间应减少交叉,防止互相包含,要具有相对的独立性。这样做的目的是为了在评估时降低模型的复杂度,有利于获得准确性较高的数据,进而得出结论。

(8) 一致性

各个指标应与分析的目标相一致,所分析的指标间不相互矛盾,从而充分体现评估活动的意图。所选指标既能反映直接效果,又要反映间接效果,不能将与评估对象、评估内容无关的指标选择进来。

只有坚持以上原则,才能更有效地建立合适的指标体系,使评估结果更能反映实物的本来面貌。

3.3 评估指标体系构建过程

指标体系构建是一个"具体—抽象—具体"的辩证逻辑思维过程,是人们对现象总体数量特征的认识逐步深化、逐步求精、逐步完善、逐步系统化的过程。一般来说,这个过程可大致分为以下4个环节:理论准备、评估指标体系初选、指标体系完善、指标体系应用。这4个环节也可称为武器系统效能评估指标体系的生命周期。其流程如图3-2所示。

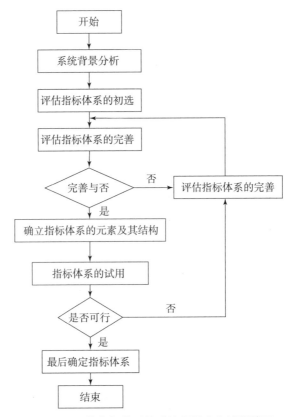

图 3-2 评估指标体系构建流程图建立过程简图

(1) 理论准备

首先，武器系统效能评估指标及指标体系的设计者应该对评估领域的有关基础理论有一定深度和广度的了解，应该全面掌握武器系统效能评估领域描述性指标体系的基本情况。其次，还需要有一定的评估方法的知识准备。最后，要对具体的任务进行分析，了解基本的作战过程和作战单元的情况，以及相关武器系统、应用方式、支持作战单元的方法等情况。

(2) 评估指标体系初选

在具备了一定的理论与方法素养后，设计者可采用一定的方法在指标体系框架的基础上构造具体的评估指标体系。这是一个对问题了解逐步深入的过程，是一个先粗后细、先略后详、逐步求精的过程。

对于评估指标体系的初选方法有分析法、综合法、交叉法、指标属性分组法等多种方法，但最基本最常用的则是分析法。在初选时，选取的评价指标可能会有重复的、难于操作等情况，重点是要求指标全面。分析法是将效能评价指标体系的评估对象和度量目标划分成若干个不同组成部分或不同侧面或不同子系统，并逐步细分，形成各级子系统及功能模块，直到每一个部分和侧面都可以用具体的指标来描述、实现。最后得到一个具有层次结构的评估指标体系。在系统效能评估的实践中，主要采用的是树形层次结构，个别情况也有可能是混合结构的，即网状的层次结构。

（3）评估指标体系完善

初选的结果对于评估的目标与要求来说不一定是合理的或必要的，可能有重复，也可能有遗漏甚至错误，这时就要对初选指标进行精选或筛选，进行测验，从而使之趋于完善，对于初构的指标体系结构进行优化。

（4）评估指标体系的使用

这是把武器系统效能评估指标体系用于实践的过程。武器系统效能评估指标体系需要在实践中逐步完善。通过实例分析出结果的合理性，找出导致评估不合理的原因。评估结论受到很多因素影响，指标体系选择是一个重要方面。指标体系选择不仅受方法的影响，也影响方法的选择，而这些情况往往只能通过效能评估的实践才能发现。

3.4 评估指标体系优化

效能评估指标体系的构建，由于种种现实问题，初步构建的指标体系很难让人满意，还需要对其进行进一步的分析优化与反馈完善。评估指标体系简化显然有其现实的意义，可以大大节省人力、财力和时间，使数据处理更加容易，控制评估过程更加容易，减少评估人员的抵触心理等。

3.4.1 评估指标体系简化

常用的评估指标体系简化的方法主要有专家调研法、极大不相关法、最小均方差法、条件广义方差极小法等。

（1）专家调研法

这是一种向专家发函、征求意见的调研方法。评估人员可以根据评估目标和评估对象的特征，在所设计的调查表中列出一系列的评估指标，分别征询专家对所设计的评估指标的意见，然后进行统计处理，并反馈咨询结果，经几轮咨询后，如果专家的意见趋于集中，则由最后一次咨询结果确定具体的评估指标体系。

这种方法具有主观性，其结果是否全面和可靠取决于专家的知识结构、经验。比较适用于定性指标的筛选。

（2）极大不相关法

指标体系有 p 个指标 $x_1,\cdots,x_p$，如果有 n 组数据，相应的全部数据，用矩阵 $\boldsymbol{X}$ 表示。

$$\boldsymbol{X} = \begin{bmatrix} x_{11} & x_{12} & \cdots & x_{1p} \\ x_{21} & x_{22} & \cdots & x_{2p} \\ \vdots & \vdots & & \vdots \\ x_{n1} & x_{n2} & \cdots & x_{np} \end{bmatrix}$$

如果 x_1 与其他的 $x_2,\cdots,x_p$ 是独立的，表明 x_1 无法由其他指标来代替，因此保留的指标应该是相关性越小越好。

由 X 得其方差、协方差，形成矩阵

$$\mathop{\boldsymbol{S}}_{p\times p} = (s_{ij}) \tag{3-2}$$

其中，

方差 $s_{ii} = \dfrac{1}{n}\sum\limits_{a=1}^{n}(x_{ai} - \bar{x}_i)^2 \quad i = 1,2,\cdots,p$

协方差 $s_{ij} = \dfrac{1}{n}\sum\limits_{a=1}^{n}(x_{ai} - \bar{x}_i)(x_{aj} - \bar{x}_j) \quad i \neq j; i,j = 1,2,\cdots,p$

均值 $\bar{x}_i = \dfrac{1}{n}\sum\limits_{a=1}^{n}x_{ai} \quad i = 1,2,\cdots,p$

由式（3-1）求出相关系数矩阵 $\boldsymbol{R}$

$$\boldsymbol{R} = \begin{bmatrix} r_{11} & r_{12} & \cdots & r_{1p} \\ r_{21} & r_{22} & \cdots & r_{2p} \\ \cdots & \cdots & \cdots & \cdots \\ r_{p1} & r_{p2} & \cdots & r_{pp} \end{bmatrix}$$

$$r_{ij} = \dfrac{s_{ij}}{\sqrt{s_{ii}s_{jj}}} \quad i,j = 1,2,\cdots,p \tag{3-3}$$

r_{ij} 称为 x_i 与 x_j 的相关系数，它反映了 x_i 与 x_j 的线性相关程度。要考虑一个变量 x_i 与余下的 $p-1$ 个变量之间的相关性，用复相关系数 ρ_i 来反映：

$$\rho_i = \sqrt{1 - (1 - r_{i1}^2)(1 - r_{i2\cdot 1}^2)(1 - r_{i3\cdot 12}^2)\cdots(1 - r_{ip\cdot 12\cdots(p-1)}^2)} \tag{3-4}$$

其中 $r_{i2\cdot 1}$ 为一级偏相关系数，$r_{i3\cdot 12}$ 为二级偏相关系数，依此类推。

$$r_{i2\cdot 1} = \dfrac{r_{i2} - r_{i1}r_{21}}{\sqrt{(1 - r_{i1}^2)(1 - r_{21}^2)}} \tag{3-5}$$

$$r_{i3\cdot 12} = \dfrac{r_{i3\cdot 1} - r_{i2\cdot 1}r_{32\cdot 1}}{\sqrt{(1 - r_{i2\cdot 1}^2)(1 - r_{32\cdot 1}^2)}} \tag{3-6}$$

依此类推。

算得 $\rho_1,\cdots,\rho_p$ 后，其中最大的一个，表示与其余变量相关性最大，指定临界值 D 之后，当 $\rho_i > D$ 时，就可删去 x_i。重复迭代，即可获得满足需要的指标体系。

（3）条件广义方差极小法

条件广义方差极小法的基本思想是：假定要从 n 个指标中选取一个来评估某对象，则应选取其中最具代表性的指标，但一个指标绝不可能把 n 个指标的评估信息都反映出来，反应不完全的部分就是这个指标作为代表而产生的误差。选取的指标越具有代表性，这个误差就越小，重复这一过程，就可以选出若干代表性指标，并使代表误差控制在最小范围内。基本算法如下：

给定 p 个指标 $x_1,x_2,\cdots,x_p$ 的 n 组数据，用矩阵 $\boldsymbol{X}$ 表示，即

$$\boldsymbol{X} = \begin{bmatrix} x_{11} & x_{12} & \cdots & x_{1p} \\ x_{21} & x_{22} & \cdots & x_{2p} \\ \vdots & \vdots & & \vdots \\ x_{n1} & x_{n2} & \cdots & x_{np} \end{bmatrix}$$

由 $\boldsymbol{X}$ 得方差、协方差，形成矩阵

$$\underset{p\times p}{\boldsymbol{S}} = (s_{ij}) \tag{3-7}$$

其中，

方差 $s_{ii} = \dfrac{1}{n}\sum\limits_{a=1}^{n}(x_{ai}-\bar{x}_i)^2\ i=1,2,\cdots,p$

协方差 $s_{ij} = \dfrac{1}{n}\sum\limits_{a=1}^{n}(x_{ai}-\bar{x}_i)(x_{aj}-\bar{x}_j)\ i\neq j\, i,j=1,2,\cdots,p$

均值 $\bar{x}_i = \dfrac{1}{n}\sum\limits_{a=1}^{n}x_{ai}\ i=1,2,\cdots,p$

将式（3-6）分块表示，也就是将 $x_1,x_2,\cdots,x_p$ 分成两部分，$(x_1,x_2,\cdots,x_{p_1})$ 和 $(x_{p_1+1},\cdots,x_p)$ 分别记为 $x_{(1)}$ 和 $x_{(2)}$，即

$$\boldsymbol{S} = \begin{bmatrix} s_{11} & s_{12} \\ s_{21} & s_{22} \end{bmatrix}\begin{matrix} p_1 \\ p_2 \end{matrix}$$

$$p_1 + p_2 = p$$

这样表示后，s_{11}、s_{22} 分别表示 $x_{(1)}$ 和 $x_{(2)}$ 的协方差阵。在正态分布的前提下，可以推导得到给定 $x_{(1)}$ 之后，$x_{(2)}$ 对 $x_{(1)}$ 的条件协方差阵

$$\boldsymbol{S}(x_{(2)}\mid x_{(1)}) = s_{22} - s_{21}s_{11}^{-1}s_{12} \tag{3-8}$$

若已知 $x_{(1)}$ 后，$x_{(2)}$ 的变化很小，那么 $x_{(2)}$ 这部分指标就可以删去，表示 $x_{(2)}$ 所能反映的信息，在 $x_{(1)}$ 中几乎都可得到，因此就产生条件广义方差最小的删去方法：

将 $x_1, x_2, \cdots, x_p$ 分成两部分，把 $(x_1, x_2, \cdots, x_{p-1})$ 看成 $x_{(1)}$，把 x_p 看成 $x_{(2)}$，用式（3－7）就可算出 $S(x_{(2)} | x_{(1)})$，此时是一个数值，它是识别 x_p 是否应删去的量，记为 t_p。类似地，对 x_i，可以将 x_i 看成 $x_{(2)}$，余下的 $p-1$ 个看成 $x_{(1)}$，类似得到 t_i。于是得到 $t_1, t_2, \cdots, t_p$ 这 p 个值，比较它们的大小，最小的一个可以考虑删去的，这与所选的临界值有关，这个临界值 C 是自己选定的，认为小于 C 就可删去，大于 C 不宜删去。给定 C 之后，逐个检查 $t_i < C, i = 1, 2, \cdots, p$ 是否成立，成立就删，删去后对留下的变量，重复上面的过程，可以进行到没有可删的为止。这样就选得了既有代表性，又不重复的指标集。

例 2.1 设有 $x_1, x_2, \cdots, x_5$ 等 5 个指标的 3 组评估值

$$\begin{bmatrix} 9.0 & 1.2 & 4.3 & 14.0 & 22.0 \\ 9.5 & 1.7 & 5.4 & 13.0 & 20.0 \\ 10.8 & 1.8 & 4.8 & 15.0 & 23.5 \end{bmatrix}$$

可得其协方差矩阵为：

$$S_{5 \times 5} = \begin{bmatrix} 0.58 & 1.73 & 1.73 & 1.73 & 1.73 \\ 0.21 & 0.07 & 0.21 & 0.26 & 0.10 \\ 0.61 & 0.26 & 0.20 & 0.61 & -1.18 \\ 1.30 & 0.10 & -0.60 & 0.67 & 2.00 \\ 6.17 & 6.17 & 3.64 & 6.17 & 2.06 \end{bmatrix}$$

若将 5 个指标 $x_1, x_2, \cdots, x_5$ 分成两个部分 $(x_1, x_2, \cdots, x_4)$ 和 x_5，分别记为 $X_{(1)}$ 和 $X_{(2)}$，则：

$$t_5 = S(X_{(2)} | X_{(1)}) = S_{22} - S_{21} S_{11}^{-1} S_{12}$$

$$= 2.06 - (6.17, 6.17, 3.64, 6.17) \times \begin{bmatrix} 0.58 & 1.73 & 1.73 & 1.73 \\ 0.21 & 0.07 & 0.21 & 0.26 \\ 0.61 & 0.26 & 0.20 & 0.61 \\ 1.30 & 0.10 & -0.60 & 0.67 \end{bmatrix}^{-1}$$

$$\times \begin{bmatrix} 1.73 \\ 0.10 \\ -1.18 \\ 2.00 \end{bmatrix}$$

$$= 2.06 - 376.27$$

$$= -374.21$$

依此类推，计算出 $t_1, t_2, \cdots, t_4$，比较它们的大小，将最小的一个可以删去，也可以设定一个临界值 C 后进行删除。

（4）主分量法

主分量法基本思路：由主分量分析可以得到原指标的若干个分量，这些分量包含原指标的信息量是顺序降低的，最后一个分量的信息量很少，由此可把该分量线性式中权系数较大的指标剔除。

原指标向量（成分）$\boldsymbol{X} = (X_1, X_2, \cdots, X_p)$，新指标向量（成分）$\boldsymbol{Y} = (Y_1, Y_2, \cdots, Y_p)^T$ 是 X 的线性组合，即

$$\boldsymbol{Y} = \boldsymbol{CX}^T \tag{3-9}$$

其中，Y_1 是线性组合中方差最大者，称为第一主分量，Y_2 是方差次大者，叫作第二主分量，……，$\boldsymbol{C}$ 为特征方程

$$|\boldsymbol{R} - \lambda \boldsymbol{I}| = 0 \tag{3-10}$$

中 M 个特征值（$\lambda_1 > \lambda_2 > \cdots > \lambda_M > 0$）所对应的特征向量，其元素数值反映了各原指标属性对相应主分量的大小，即权重。式（3-10）中的 $\boldsymbol{R}$ 是原指标评估样本数据标准化后的相关系数矩阵。

筛选指标的方法是：将最小特征值（其贡献率 ≈ 0，表示该主分量对总体几乎没有什么贡献）所对应特征向量中具有最大分量相对应的原指标量（贡献最小的成分中起最大作用的指标量）删除掉。对余下 $M-1$ 个指标再作主分量分析，直到筛选出最佳指标子集为止。

（5）最小均方差法

对于 m 个被评估对象，$A_1, A_2, \cdots, A_m$ 每个被评对象有 n 个指标，指标值为 $X_{ij}(i=1,2,\cdots,m; j=1,2,\cdots,n)$，如果 m 个被评对象关于某项指标的取值都差不多，那么尽管这个指标非常重要，但是对于 m 个被评对象的评估结果来说起不了什么作用。因此，为减少计算量就可以删除这个指标。

设

$$s_j = \left(\frac{1}{m}\sum_{i=1}^{m}(x_{ij} - \bar{x}_j)^2\right)^{1/2}, j = 1, 2, \cdots, n \tag{3-11}$$

s_j 为评估指标 X_j 的按 m 个被评估对象取值构成的样本均方差。

对于 $k_0(1 \leq k_0 \leq n)$

令 $s_{k_0} = \min\limits_{1 \leq j \leq n}\{s_j\}$

若 $S_{k_0} \approx 0$，则可以删除与 S_{k_0} 相应的评估指标 X_{k_0}。

这种方法只考虑指标差异程度，故容易将重要的指标删除，但是其引用的数据是原始数据，还保持有客观的特点。

(6) 极小极大离差法

极小极大离差法原理基本同最小均方差法，其判断标准为指标的离差值。设评估指标 X_j 的最大离差 r_j 为

$$r_j = \max_{1 \leq i,k \leq m} \{|x_{ij} - x_{kj}|\} \quad (3-12)$$

令

$$r_0 = \min_{1 \leq j \leq n} \{r_j\}$$

若 r_0 接近零，则可以删除与 r_0 相应的评估指标。

(7) 权重判断法

指标的权重是对指标在决策问题中相对重要程度的一种主观评估和客观反映的综合度量。因此可以根据指标权重的大小决定指标的取舍，剔除一些权数非常小的指标，一方面有利于评估问题简化，另一方面也避免由于指标体系因素过多，引起评估者判断上的失误和混乱。指标权数取舍的大小标准取决于评估者及评估目标的复杂程度。评估目标涉及因素多，其取舍权数取小一些；如果涉及因素少，其取舍权数大一些，评估者也可以客观地利用评估权数来适当地简化评估指标体系，其具体步骤如下：

设评估指标体系 $F = \{x_1, x_2, \cdots, x_p\}$，综合考虑每一指标的重要性后，确定各指标的权重，具体方法可采用 AHP 法或熵法等。

设权重集为 $\lambda = \{\lambda_1, \lambda_2, \cdots, \lambda_n\}$，其中 $\lambda_i \in [0,1] \; i = 1,2,\cdots,p$

设取舍权重为 $\lambda_k, \lambda_k \in [0,1]$

当 $\lambda_i \leq \lambda_k$ 时，则筛选掉指标 x_i，当 $\lambda_i > \lambda_k$ 时，则保留该指标 x_i。

大多数人对不同事物在相同属性上差别的分辨能力在 5~9 级之间，因此建议某一准则下的指标数量不宜超过 9 个。据此我们认为通常取舍权数取 0.1 较合适，当 $\lambda_i \leq 0.1$ 时可认为该指标影响较小，不足考虑。也就是认为当其中一个指标的权重比其他小一个数量级时，应当剔除掉。当然，研究者为了简化问题，对其取舍权重 λ_k 取大，或者根据问题的需要把 λ_k 取小一些，都是可行的。

(8) 几种方法的比较

虽然以上几种方法都能进行指标的筛选，但是都有一定的适用范围。实践表明：对于指标间有较明显的相关性，指标数据较为丰富，可靠性较高，可以主观决定采用极大不相关法较为适宜；主分量法适宜样本数据非常丰富的情况，当样本数大于 10 以后结果较为可信，而对于小样本宜采用条件广义方差极小法。权重判断法则较适合于指标少，且定性指标较多的指标体系简化。

3.4.2 评估指标体系检验

指标体系经过简化后，评估模型是否可靠，简化方法是否合理，都要检验。检验是指标体系简化过程的有机组成部分，对于不同类型的模型，检验依据有所不同。指标体系只有经过检验证明其合理性后，才能实际应用。当实际评估环境与简化的环境相似时，可以较为放心地使用简化模型；但当环境变化较大时，对简化模型的有效性应重新考虑。因而在实际的应用中，应不断地检验简化的合理性与有效性。

（1）指标体系的有效性检验

在对具体的武器系统建立评估指标体系时，由于评估者知识的完备程度不同，即使遵循了独立、可测、完备性等原则，建立的指标体系也可能存在较大的差异。所以，为了提高系统效能指标体系的有效性和评估结果的准确性，必须对指标体系本身进行有效性检验。

所谓有效性是用来衡量评估指标体系评估目标时产生认识的偏离程度。设根据系统效能指标体系框架建立的指标体系中的某层指标表示为 $F = \{f_1, f_2, \cdots, f_n\}$，参加评估的专家人数为 S，专家 S_j 对评估对象的评分集为 $X_j = \{x_{1j}, x_{2j}, \cdots, x_{nj}\}$，定义指标 f_i 的效度系数 β_i 如下：

$$\beta_i = \sum_{j=1}^{S} \frac{|\bar{x}_i| - x_{ij}}{S \times M} \quad (3-13)$$

式中，M 为指标 f_i 的最大值；$\bar{x}_i = \sum_{j=1}^{S} \frac{x_{ij}}{S}$ 为 f_i 的平均值。

定义评估指标体系 F 的效度系数为 $\beta = \sum_{i=1}^{n} \frac{\beta_i}{n}$。

从统计意义上讲，效度系数提供了衡量对某一指标评估时产生认识的偏离程度。效度系数的绝对值越小，表明各专家采用该评估指标进行评估时，对该武器系统的认识越趋向一致，该评估指标体系（或指标）的有效性就越高，反之亦然。利用这种方法可以从统计意义上分析该指标体系的有效性。一般当有效性系数 $\beta < 0.1$ 时，则认为该指标体系的有效性较高。

（2）指标体系完整性检验

完整性，是指效能评估指标体系是否已全面地、毫无遗漏地反映了最初的描述评估目的与任务，即效能评估指标体系能够全面反映武器系统效能的状况。

对完整性一般是通过定性分析进行判断，可以根据指标体系层次结构图的最底层，即末级指标层，检验每个方面所包括的指标是否比较全部、完整。土要检查指标体系是否已全面地反映了武器系统效能的基本特征，有无重要指标被遗漏。通常采用过程分析的方法。

指标完整性检验主要在流程分析过程中加以解决，或依据武器系统领域专家的经验确定。

（3）指标体系结构优化

指标体系结构的构造是要明确该评估指标体系中各指标之间的相互关系和层次结构。指标体系结构构建时，主要工作是确定系统效能层的指标体系具体结构。

任何效能评估指标体系都可以以最简单的双层结构的形式出现：第一层为效能层，第二层为指标层；如果将评估对象作为第三层（底层），则就形成了效能评估指标体系的三层结构，就指标而言，这种双层或三层结构等于没有对指标体系进行结构分类。复杂一些的效能评估指标体系一般都表现为三层结构，此时不包括由评估对象所构成的底层，具体包括效能层、效能因素层和指标层，其中的效能因素一般用系统的能力来描述。

上述的完整性检验主要是针对指标层进行的分析，而从整个指标体系结构看，也需要进行完备性分析，此时的完备性分析主要是检查效能评估目标的分解是否出现遗漏，有没有出现目标交叉而导致结构混乱的情况。重点是对平行的节点（子目标或子子目标）进行重叠性与独立性的分析，检查是否存在平行的某一个子目标包含了另一个或几个子目标的部分或全部内容，若出现这种包含关系，则有两种方法：或是进行归并处理，即将有重叠的子目标合并成一个共同的子目标；或是进行分离处理，将重叠部分从中剥离出来。

指标体系结构完备性分析一般采用定性分析的方法进行优化。在这个优化过程中，专业知识起着最主要作用。因此，对效能评估指标体系设计者而言，背景理论的全面深入掌握非常重要。

3.5 评估指标量化方法

武器装备的系统效能评估指标体系一般都是以战技指标和性能参数作为基本指标的，而战技指标和性能参数可能是定量的，也可能是定性的，定量指标的量纲也往往是不同的，所以，对于指标体系的构建，还必须给出这些变量的统一定量化处理，才能用于武器装备的效能评估。指标的定量化处理主要包括了定性指标的定量化、定量指标的规范化（无量纲化）、评估指标的聚合。

3.5.1 定性指标量化

系统效能评估指标体系中有部分指标不易量化而只能定性描述，如抗毁能力或生存能力等指标，这些指标需要一定的方法将其变成定量指标。

(1) 专家评分法

由专家小组成员独立或经讨论给出每一个定性变量不同取值类别的量化值。若是独立给出，则最后需要将专家所给分值进行统计平均。

(2) 模糊统计法

定性变量往往是模糊的，可用模糊数学方法来进行量化。应用最多的模糊统计法是采用专家或群组多级模糊综合评判的方法进行量化。

模糊统计法主要用于直接量化，偶尔也用于间接量化。如将定性变量划分为若干个取值等级，如"很好、较好、中等、较差、差"五级，由一批专家进行判断。

(3) 两两比较评分法

通过两两比较的方式来确定各个被评单位某一定性变量的程度值或不同定性类别的量化分值。如层次分析法（AHP）、环比构权法等都可用于定性变量的量化。

3.5.2 定量指标规范化

在评估过程中，一般各个指标值的单位和量级是不相同的，这样各指标之间存在着不可公度性，给系统评估带来了不便。为了尽可能反映实际情况，排除由于各项指标的单位不同以及数值数量级之间的悬殊差别所带来的影响，避免发生不合理的现象，必须对评估指标进行无量纲量化处理。

由于各指标的评估尺度、量纲、变化范围不一样，不同的指标很难在一起进行比较和综合，因此，必须将指标体系中的指标规范化。指标归一化的目的主要是以统一的价值形式解决指标值（包括指标的量纲、量级和最佳值等）的不可公度问题，它是通过一定的数学变换来消除指标量纲影响的方法，即把性质、量纲各异的指标转化为可以进行综合的一个相对数（"量化值"）。在实际中人们往往不顾各个指标的性质和意义，在处理方法上避难就简，习惯一律采用直线性的处理方法。但对于大多数指标来讲，指标实际值的变化对量化的影响并不是等比例的。因此要根据实际指标和评估方法的情况来选择不同的归一化方法。常见的有三类：直线型方法、折线型方法和曲线型方法。通常归一化为无量纲的 0~1 之间的值。

(1) 直线型方法

在将指标实际值转化成不受量纲影响的指标评估值时，假定二者呈线性关系，指标实际值的变化引起指标评估值一个相应的比例变化。线性无量纲化的方法主要有阈值法（临界值法）、Z-score 法、比重法等。

阈值法是将指标实际值 x_i 与该类指标的某个阈值相对比，从而使指标实际值转化成指标评估值的方法。这里，阈值往往采用极大值或极小值等实际数值，也可采用所谓的满意值、不允许值、不可接受值等专门确定阈值。

①极值法公式主要有

$$y_{ij} = (\max_{1\leq i\leq m}\{x_{ij}\} - x_{ij})/\max_{1\leq i\leq m}\{x_{ij}\} \tag{3-14}$$

$$y_{ij} = (x_{ij} - \min_{1\leq i\leq m}x_{ij})/(\max_{1\leq i\leq m}\{x_{ij}\} - \min_{1\leq i\leq m}\{x_{ij}\}) \tag{3-15}$$

$$y_{ij} = \{(x_{ij} - \min_{1\leq i\leq m}x_{ij})/(\max_{1\leq i\leq m}\{x_{ij}\} - \min_{1\leq i\leq m}\{x_{ij}\})\}k + q \tag{3-16}$$

式（3-16）为把系数变成百分数，更符合人们的判断习惯，一般 $0<k<100$，$q=100-k$。

极值法的优点：无论评估矩阵 X 中的指标值是正数还是负数，经过极差变换之后，标准化指标满足 $0\leq y_{ij}\leq 1.0$，并且正、逆向指标均化为正向指标，最优值为 1，最劣值为 0。

缺点：忽略了决策矩阵 X 中的指标值的差异性。如对于正向指标值 $(2,57,112)^T$ 和 $(110,111,112)^T$ 经过极差变换之后，均为 $(0,0.5,1)^T$，若以上是逆向指标值，则经过极差变换之后，均为 $(0,0.5,1)^T$。显然，上例表明通过极值法，变换后的指标值无法客观地反映原始指标间的相互关系。

②线性比例变换法

对于正向指标，有

$$y_{ij} = x_{ij}/\max_{1\leq i\leq m}\{x_{ij}\} \tag{3-17}$$

对于逆向指标，有

$$y_{ij} = x_{ij}/\min_{1\leq i\leq m}\{x_{ij}\} \tag{3-18}$$

线性比例变换法的优点：经过线性比例变换之后，正、逆向指标均化为正向指标，而且考虑到了指标值的差异性。缺点：线性比例变换法要求任意 $x_{ij}\geq 0$，如果存在 $x_{ij}<0$ 则不适用，如对于 $(-3,-1,-5,-4,-2)^T$ 作为正向指标值经过线性比例变换之后，为 $(3,1,5,4,2)^T$，作为逆向指标值经过线性比例变换之后，为 $(3/5,1/5,1,4/5,2/5)^T$，两个结果显然不同。线性比例法对于逆向指标进行标准化处理时，实际上是进行了非线性变换，变换后的指标值无法客观地反映原始指标间的相互关系。

表 3-1 几种阈值法参照表

序号	公式	影响评估因素	评估范围	特点
1	$y_{ij} = x_{ij} / \max\limits_{1 \leq i \leq m} \{x_{ij}\}$	$x_{ij}, \max\limits_{1 \leq i \leq m} \{x_{ij}\}$	$\left[\dfrac{\min\limits_{1 \leq i \leq m} x_{ij}}{\max\limits_{1 \leq i \leq m} x_{ij}}, 1\right]$	评估值随指标值增大而增大,若指标值均大于0,则评估值不可能为0,指标值的最大评估值为1
2	$y_{ij} = \dfrac{\max\limits_{1 \leq i \leq m} x_{ij} + \min\limits_{1 \leq i \leq m} x_{ij} - x_{ij}}{\max\limits_{1 \leq i \leq m} x_{ij}}$	$x_{ij} > 0$ $x_{ij}, \max\limits_{1 \leq i \leq m} x_{ij}$, $\min\limits_{1 \leq i \leq m} x_{ij}$	$\left[\dfrac{\min\limits_{1 \leq i \leq m} x_{ij}}{\max\limits_{1 \leq i \leq m} x_{ij}}, 1\right]$	评估值随指标值增大而减小,适用于成本型这样的逆向指标的无量纲化处理。无量纲化和指标转化同时进行
3	$y_{ij} = \dfrac{\max\limits_{1 \leq i \leq m} x_{ij} - x_{ij}}{\max\limits_{1 \leq i \leq m} x_{ij} - \min\limits_{1 \leq i \leq m} x_{ij}}$	$x_{ij}, \max\limits_{1 \leq i \leq m} x_{ij}$, $\min\limits_{1 \leq i \leq m} x_{ij}$	$[0, 1]$	评估值随指标值增大而减小,适用于成本型这样的逆向指标的无量纲化处理
4	$y_{ij} = \dfrac{x_{ij} - \min\limits_{1 \leq i \leq m} x_{ij}}{\max\limits_{1 \leq i \leq m} x_{ij} - \min\limits_{1 \leq i \leq m} x_{ij}}$	$x_{ij}, \max\limits_{1 \leq i \leq m} x_{ij}$, $\min\limits_{1 \leq i \leq m} x_{ij}$	$[0, 1]$	评估值随指标值增大而增大,指标最小评估值为0,指标最大值的评估值为1
5	$y_{ij} = \dfrac{x_{ij} - \min\limits_{1 \leq i \leq m} x_{ij}}{\max\limits_{1 \leq i \leq m} x_{ij} - \min\limits_{1 \leq i \leq m} x_{ij}} k + q$	$x_{ij}, \max\limits_{1 \leq i \leq m} x_{ij}$, $\min\limits_{1 \leq i \leq m} x_{ij}, k, q$	$[q, k+q]$	评估值随指标值增大而增大,指标最小值为q,最大值为$k+q$

阈值参数的选取会直接影响分析的结果,需要考虑实际情况加上已有经验进行探索,逐步优化,直到寻找最合适最满意的阈值。

③Z - score 法

Z - score 法按照统计学原理对指标进行标准化的方法,又称零—均值规范化,取

$$y_{ij} = (x_{ij} - \overline{x}_j)/s_j \qquad (3-19)$$

其中 $\overline{x}_j, s_j$ 分别为均值和方差。

应该指出,经过标准样本变换之后,标准化矩阵的样本均值为0,方差为1。若 x_{ij} 比均值大经标准化处理后,$y_{ij} > 0$;若 x_{ij} 比均值小经标准化处理后,$y_{ij} < 0$;正、逆向指标的方向没有发生变化。缺点:标准样本变换法未区分正逆向指标;而且如果 x_{ij} 比均值小,经标准化处理后,$y_{ij} < 0$,对于某些评估方法如熵值法(计算过程中有取对数运算,要求标准化处理后的指标值大于0)

不适用。选用 Z-score 法做数据规范化处理的数据分布一般满足正态分布,评估值在 -1~1 之间。

④比重法

比重法主要是多目标决策分析所采用。

可用

$$y_{ij} = x_{ij} \bigg/ \sum_{i=1}^{n} x_{ij} \qquad (3-20)$$

和

$$y_{ij} = x_{ij} \bigg/ \sqrt{\sum_{i=1}^{n} x_{ij}^2} \qquad (3-21)$$

本方法的优点:经标准化处理后的标准值较真实地反映原指标值之间的关系,考虑了指标值之间的差异性。如指标值 $(2, 57, 112)^T$ 经过标准化处理后的结果,前者为 $(0.0117, 0.3333, 0.6550)^T$,后者是 $(0.0159, 0.4535, 0.8911)^T$,$(110, 111, 112)^T$ 经过标准化处理后的结果,前者为 $(0.3303, 0.3333, 0.3363)^T$,后者是 $(0.5721, 0.5773, 0.5825)^T$,规范化过程都是可行的。前者的缺点:未区分正逆向指标,而且要求任意 $x_{ij} \geq 0$,如果存在 $x_{ij} < 0$ 则不适用。如正向指标值 $(3, 1, -5, -4, 2)^T$ 经过式(3-20)标准化处理后结果为 $(-1.0000, -0.3333, 1.6667, 1.3333, -0.6667)^T$,此结果显然不对,而采用式(3-21)标准化后,可获得结果 $(0.4045, 0.1348, -0.6742, -0.5394, 0.2697)^T$。

(2)折线型方法

指标在不同区间内的变化,对被评估事物的综合水平影响是不一样的,折线型无量纲化适用于被评价事物呈现阶段性变化的情况。比如 x_i 小于某个点 x_m 时,x_i 变化对综合水平影响较大,此时评估值 y_i 也有较大变化;当 x_i 大于某个点 x_m 时,x_i 变化对综合水平影响较小,此时评估值 y_i 应变化较小。在上述情况下,应采用折线型的无量纲方法分段处理。采用极值化方法分段作无量纲处理,如公式(3-22),图形如图 3-3 所示。

$$y_i = \begin{cases} 0, x_i = 0 \\ \dfrac{x_i}{x_m} y_m, 0 < y_m < 1, 0 < x_i \leq x_m \\ y_m + \dfrac{x_i - x_m}{\max x_i - x_m}(1 - y_m), x_i > x_m \end{cases} \qquad (3-22)$$

(3)曲线型方法

有些事物发展的阶段性变化并不是很明显,而前期、中期和后期的发展情

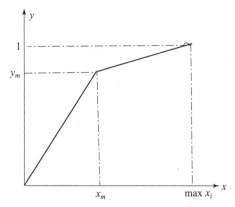

图 3-3　折线无量纲化方法示意图

况又各不相同,指标值的变化是循序渐进而非突变的,曲线形规范化方法更适合这种情况。采用曲线型方法意味着指标实际值对评估值的影响不是等比例的。常用的曲线型规范化方法有升半 Γ 型分布、升半正态分布、升半柯西分布、升半凹(凸)分布、升半岭分布等。其中,升半 Γ 型分布适用于指标评估值随指标实际值变化,后期逐渐缓慢直至几乎不变的情况,即指标值在后期的变化对事物发展总体水平影响较小的情况;升半正态分布、升半柯西分布适用于指标评估值随指标实际值前后期变化相对较慢,而中期变化较快的情况,即指标中期值变化对事物发展总体水平影响较大的情况;升半凹(凸)分布适用于指标评估值随指标实际值的变化逐步加快或逐步减慢的情况,而升半岭分布适用于指标评估值随指标实际值中期变化快、前后期变化较慢且呈对称的情况。

由以上分析知曲线型公式较高级,较精确,能够更准确地揭示指标实际值与评估值之间的关系。直线型较简单,带有近似的形式。而折线型的可看作是这两种的过渡。因此在选择应用时遵循的原则有:

①客观性原则

无量纲化选用的公式要能够客观地反映指标实际值与事物综合发展水平的关系。根据综合评判对象的实际情况来确定所用公式,这需要对被评判对象的历史数据和横向比较数据作深入的分析,才能找出事物发展变化的阈值点,才能够确定评估公式和具体参数。

②简易性原则

简便易行,便于推广。基于这一原则,采用直线型公式来代替更为客观的曲线型公式,这种代替的理由在于:

a. 对于多指标综合评估而言，无量纲化的结果即评估值本身就是对被评对象发展水平的一种相对描述，而不是一个绝对的刻度，因而在不影响被评估对象间相对地位的前提下，允许用近似的简化的直线关系来代替曲线关系。

b. 曲线型公式并不是在任何情况下都比直线型公式精确，这种精确是有条件的。如果曲线公式中参数选取不当，其结果很难客观，然而参数的选择又很困难。现代管理的主要思想是，追求相对意义的满意解，而不是绝对意义上的最优解。

从国内外多指标综合评估的案例应用经验来看，线性公式所得的结果与非直线型结果往往近似，而方法却更容易使用与了解。

③可行性原则

选用无量纲化的公式，不仅要根据被评对象的特点，而且还要注意方法自身的特点，这样才能确保转化的可行性。

一般来说，极值法对指标数据的个数和分布状况没有什么要求；转化后的数据都在 0~1 区间，便于进一步数学处理；转化后的数据相对数性质较明显；就每个 x_i 的转化而言，这种无量纲转化所依据的原始数据信息较少，顶多是指标实际值中的几个值，如 $\max x_i$、$\min x_i$ 等。

对比来看，Z-score 法在被评估对象个数较多时才能应用，因为 Z-score 法在原始数据呈正态分布的情况，转化结果才是可靠的；Z-score 法的转化结果超出了 0~1 区间，存在着负数，有时会影响进一步的数学处理；Z-score 法的转化结果相对数性质不明显；Z-score 法中的转化值与实际值中任何一个 x_i 都有关系，利用原始数据信息多于极值法。

选取无量纲化方法时，不仅要根据无量纲化方法本身的特点，有时还要考虑到所用评估方法对无量纲化方法的要求。比如多元分析用于多指标综合评估时，主分量分析（主成分分析）和因子分析都要求必须采用 Z-score 法作无量纲处理。

3.5.3 评估指标量化值聚合模型

评估指标量化值的聚合和系统效能评估的需要是分不开的，因为要评估一个武器装备的系统效能，往往需要从不同的角度予以比较，需要用多种指标来度量其系统效能的情况。这样，对一个武器装备总的评估就需要把许多考查的指标综合成一个或几个。评估指标的综合有两种情况，一种是只对同类型的指标予以聚合；另一种是对不同的类型指标进行聚合。前一种情况比较简单，一般采用算术平均法或几何平均法就可以完成；后一种情况就复杂得多，不同类的指标有不同的度量模型，比较常用的综合方法是广义指标法。广义指标法有多种形式，其中最常用的一类是加权式指标，它主要有以下几种形式：

（1）加权求和模型

$$E = \sum_{i=1}^{n} \varpi_i x_i \quad i = 1, 2, \cdots, n \qquad (3-23)$$

式中，ϖ_i 为对指标 x_i 的效能权重；x_i 表示第 i 项效能指标。

最主要的指标加权最大，对负向指标可以使用"负权"。

这种模型通常具有以下特性：①适用于各指标 x_i 相互独立情况，此时各指标对综合评估值的贡献彼此是没有什么影响的。由于采用"和"的方式，其现实关系应是"部分之和等于总体"，若各评估指标间不独立，"和"的结果必然是信息的重复，也就难以反映客观实际。②各指标可线性补偿，即某些指标值的下降，可以由另一些指标值的上升来补偿，任意指标值的增加都会导致综合评估值的上升。任一指标值的减少都可用另一些指标值的相应增量来维持综合评估值的不变。③权重系数作用比在其他"合成"法中更明显些，且突出了指标值或指标权重较大者的作用。④合成结果难以明确反映各子指标之间的差异，任何下层指标值为 1 或 0 都不会使其他指标值的变化失去价值。⑤当权重系数预先给定时，由于各指标之间可以线性补偿，对区分各备选方案之间的差异不敏感。⑥对于无量纲指标数据没有什么特定的要求，容易计算、便于推广普及。

（2）几何均值合成模型

$$E = \left(\prod_{i=1}^{n} x_i \right)^{\frac{1}{n}} \quad i = 1, 2, \cdots, n \qquad (3-24)$$

这种模型通常具有以下特性：①适用于各指标 x_i 相互间强烈关联的情况；②强调各评估指标的一致性，即这种方法是突出评估指标值中较小者的作用，这是由乘积运算的性质所决定的；③权重系数的作用不如加权求和法明显；④这种方法对指标值的数据要求较高，即要求无量纲指标值均大于或等于 1；⑤计算量与上一种方法相比要复杂些。

（3）串联关系指标的综合模型

$$E = \left(\prod_{i=1}^{n} x_i \right)^{\frac{1}{n}} \quad i = 1, 2, \cdots, n \qquad (3-25)$$

其中，x_i 是经过规范化的 0，1 之间的指标值。

此模型表示指标 x_i 之间具有串联关系。任何指标 x_i 值的下降都将导致结果不可回升的下降，尤其是，任何一个指标的值为 0，都将会导致综合效能指标 E 为 0。

(4) 并联关系指标的综合模型

$$E = 1 - \prod_{i=1}^{n}(1-x_i)^{\varpi_i} \quad i = 1,2,\cdots,n \qquad (3-26)$$

其中，x_i 为经过规范化的 0，1 之间的指标值。

此模型表示指标 x_i 之间具有并联关系，只要有一个下层指标较为理想，其他指标值即使很低，也不会使综合效能指标 E 过低。尤其是当任何一个指标的值为 1 时，E 的值就为 1；某指标值下降引起的损失在一定程度上可由其他指标值的上升而得到补偿，即各子指标之间具有一定的可替换性。

3.6 评估指标权重

评估指标体系是由众多指标构成的相互联系、相互作用的大系统。一个指标反映总体一个方面的特征，要想全面反映总体的状况，就要将这些指标综合起来考虑，这必然涉及各评估指标的相互重要程度，即指标的权重，也就是指标对评估对象的作用，从评估的目标来看，并不是同等重要的。为了体现各个评估指标在评估指标体系中的作用地位以及重要程度，在指标体系确定后，必须对各个指标赋予不同的权重。合理确定权重对评估和后续决策有着重要意义。同一组指标数值，不同的权重，会导致截然不同的甚至相反的评估结论。因此，权重确定问题是评估中十分棘手的问题。

3.6.1 权重的概念

指标权重是指每项指标对总目标的贡献程度，它反映了各指标在评估对象中价值地位的系数。权重是对各个指标重要性的度量，也就是各指标对总体目标的贡献大小。这一概念反映了三重因素：

（1）评估主体对目标的重视程度，反映了评估主体的主观差异。

（2）各个指标数值的差异程度，反映各指标在评估中的所起的作用。

（3）各指标值的可靠性，反映了各指标所提供的信息的可靠性的不同。

权重直接影响着综合评估的结果。权重数值的改变可能引起评估对象优劣顺序的改变。合理确定权重既是重要的，又是相当困难的，因为它们包含评估对象和评估主体的多种因素，这些因素之间的关系又是错综复杂的，一般难以量化。

权重是表明各个评估指标重要性的权数，表示各个评估指标在总体中所起的不同作用。权重一般按照权重的形成方式划分为客观权重和主管权重。客观权重是由于变换指标数值的表现形式和统计指标的合成方式而得到的权重，也称为自然权重。主观权重是根据研究目的和评估指标的内涵状况，主观地分析、判断来确定的反映各个指标重要程度的权数，也称为人工权重。

3.6.2　权重方法分析

目前确定权重的方法有数十种之多。根据计算权重时原始数据的来源不同可以分为主观赋权法、客观赋权法和组合赋权法。

主观赋权法主要有专家咨询法、最小平方和法、AHP 法、特征法等，其研究比较成熟。这类方法的特点是能较好地反映评估对象所处的背景条件和评估者的意图，但各个指标权重系数的准确性有赖专家的知识和经验的积累，因而具有较大的主观随意性。

客观赋权法的原始数据来源于评估矩阵的实际数据，如熵值法、拉开档次法、逼近理想点法等。这类方法切断了权重系数的主观来源，使系数具有绝对的客观性，但容易出现"重要指标的权重系数小而不重要"的不合理现象。赋权的原始信息应当直接来源自样本，处理信息的过程是深入讨论各参数间的相互联系和影响，以及它们对目标的"客观"分贡献。然而，这种方法仅能考虑数据自身的结构特性，不能建立各影响指标与评估目标间所呈现的复杂非线性映射关系；有时还需要用变量变换的方法将非线性问题转化为线性问题，这种变换依赖于建模者的经验。

组合赋权法是结合主观赋权法和客观赋权法的各自特点形成的。其做法是：首先分别在主观赋权法和客观赋权法内部找出最合理的主、客观权重系数，再根据具体情况确定主、客观赋权法权重系数所占比例，最后求出综合评估权重系数、这种方法在一定程度上既反映了决策者的主观信息，又可以利用原始数据和数学模型，使权重系数具有客观性。但是其准确性有赖于对主、客观赋权法权重系数所占比例的确定。

3.6.3　主观赋权法

所谓主观赋权法，是主要依靠专家的经验、知识和个人价值观确定权重的方法，即原始数据主要由专家判断得到。

3.6.3.1　德尔菲法

德尔菲法（Delphi 法），又称专家调查法、头脑风暴法。它是 20 世纪 60 年代由美国兰德公司首先提出的。Delphi 是古希腊一座城市的名称，是阿波罗神庙的所在地。相传阿波罗曾在这里代表希腊神话中的主神宙斯宣布神谕，预告未来。Delphi 也含有集中众人智慧与经验之意。

最开始确定权重，是评估者自己选定，后来大家在一起开会，相互启发，碰撞出火花，激发出灵感，后来发现有权威人士在，其他人意见不敢发表，产生发函调查法——德尔菲法，即组织若干对评估系统熟悉的专家，通过一定方式对指标权重独立地发表见解，并用统计方法做适当处理。

其具体做法如下：

（1）组织 r 个专家，对每个指标 X_j $(j = 1,2,\cdots,n)$ 的权重进行估计，得到指标权重估计值 $w_{k1},w_{k2},\cdots,w_{kn}$ $(k = 1,2,\cdots,r)$。

（2）计算 r 个专家给出的权重估计值的平均估计值 $\bar{w}_j = \dfrac{1}{r}\sum\limits_{k=1}^{r} w_{kj}$，$(j = 1,2,\cdots,n)$。

（3）计算估计值和平均值的偏差 $\Delta_{kj} = |w_{kj} - \bar{w}_{kj}|$，$(k = 1,2,\cdots,r;r = 1,2,\cdots,n)$。

（4）对于偏差 Δ_{kj} 较大的第 j 个指标权重估计值，再请第 k 个专家重新估计 w_{kj}，经过几轮反复，直到偏差满足一定的要求为止，最后得到一组指标权重的平均估计修正值 $\bar{w}$ $(j = 1,2,\cdots,n)$。

德尔菲法是较为简单适用的主观赋权法，其特点是可以综合多位专家的意见，多轮打分后缩小估计值偏差，使主观权重具有一定的平均性，适用于专家对指标权重的确定，但是具有较大的主观性，不具有足够的说服力。

3.6.3.2 相对比较法

相对比较法又称两两比较法，是检验和修订指标体系权集的一种手段。相对比较法赋权的过程如下：将所有的评估指标 X_j $(j = 1,2,\cdots,n)$ 分别按行和列排列，构成一个正方形的表；再根据三级比例标度（或 0~1 打分，0~4 打分，0~10 打分等）对任意两个指标的相对重要关系进行分析，并将评分值记入表中相应的位置；将各个指标评分值按行求和，得到各个指标的评分总和；最后做归一化处理，求得指标的权重系数。

以三级比例标度为例，设两两相对比较评分的分值为 q_{ij}，则标度值及其含义如下：

$$q_{ij} = \begin{cases} 1 & \text{当指标 } X_i \text{ 比指标 } X_j \text{ 重要时} \\ 0.5 & \text{当指标 } X_i \text{ 与指标 } X_j \text{ 同样重要时} \\ 0 & \text{当指标 } X_i \text{ 没有指标 } X_j \text{ 重要时} \end{cases}$$

设评分构成的矩阵 $\boldsymbol{Q} = (q_{ij})_{n\times n}$，显然，$q_{ii} = 0.5$，$q_{ij} + q_{ji} = 1$。则指标 X_i 的权重系数为

$$w_i = \frac{\sum\limits_{j=1}^{n} q_{ij}}{\sum\limits_{i=1}^{n}\sum\limits_{j=1}^{n} q_{ij}} \tag{3-27}$$

使用该方法确定权重时，任意两个指标之间的相对重要程度要有可比性，这种可比性在主观判断评分时，应满足比较的传递性，即 X_1 比 X_2 重要，X_2 比 X_3 重要，则 X_1 比 X_3 重要。

【例 3.1】 有 6 个指标，用相对比较法确定的评分矩阵如下

$$Q = \begin{bmatrix} 0.5 & 1 & 1 & 1 & 0.5 & 0 \\ 0 & 0.5 & 0.5 & 0.5 & 0 & 0 \\ 0 & 0.5 & 0.5 & 0.5 & 0 & 0 \\ 0 & 0.5 & 0.5 & 0.5 & 0 & 0 \\ 0.5 & 1 & 1 & 1 & 0.5 & 0 \\ 1 & 1 & 1 & 1 & 1 & 0.5 \end{bmatrix}$$

则指标权重的计算过程为

$$\begin{bmatrix} 0.5 & 1 & 1 & 1 & 0.5 & 0 \\ 0 & 0.5 & 0.5 & 0.5 & 0 & 0 \\ 0 & 0.5 & 0.5 & 0.5 & 0 & 0 \\ 0 & 0.5 & 0.5 & 0.5 & 0 & 0 \\ 0.5 & 1 & 1 & 1 & 0.5 & 0 \\ 1 & 1 & 1 & 1 & 1 & 0.5 \end{bmatrix} \xrightarrow{按行相加} \begin{bmatrix} 4 \\ 1.5 \\ 1.5 \\ 1.5 \\ 4 \\ 5.5 \end{bmatrix} \xrightarrow{归一化} \begin{bmatrix} 0.22 \\ 0.08 \\ 0.08 \\ 0.08 \\ 0.22 \\ 0.31 \end{bmatrix} = \{w_i\} \longrightarrow$$

相对比较法也可采用 0～1 打分法，将评估指标相互间做成对比较，重要者得 1 分，不重要者得 0 分，然后将各指标的得分相加，再归一化而得指标的相对权系数。

3.6.3.3 层次分析法

应用最为广泛的是层次分析法（analytic hierarchy process，AHP）。层次分析法是一种综合了定性与定量分析、使人脑决策思维模型化的评估方法，是由美国著名运筹学家、匹兹堡大学教授 R. L. Saaty（萨迪）于 20 世纪 70 年代初提出的、专为解决复杂系统评估的方法。

人们在进行系统分析评估中，面临的常常是一个由相互关联、相互制约的众多因素构成的复杂而往往缺少定量数据的系统。层次分析法为这类问题的决策和排序提供了一种新的、简洁而实用的建模方法。运用层次分析法建模，大体上可按下面四个步骤进行：

（1）建立层次结构模型

应用 AHP 分析决策问题时，首先要把问题条理化、层次化，构造出一个有层次的结构模型。在这个模型下，复杂问题被分解为元素的组成部分。这些元素又按其属性及关系形成若干层次。上一层次的元素作为准则对下一层次有关元素起支配作用。这些层次可以分为三类：

①目标层：这一层次中只有一个元素，一般它是分析问题的预定目标或理想结果，因此也称为目标层。

②准则层：这一层次中包含了为实现目标所涉及的中间环节，它可以由若干个层次组成，包括所需考虑的准则、子准则，因此也称为准则层。

③方案层：这一层次包括了为实现目标可供选择的各种措施、决策方案等，因此也称为措施层或方案层。

层次结构中的层次数与问题的复杂程度及需要分析的详尽程度有关，一般情况下层次数不受限制。每一层次中各元素所支配的元素一般不要超过9个。这是因为支配的元素过多会给两两比较判断带来困难。

（2）构造判断矩阵

层次结构反映了因素之间的关系，但准则层中的各准则在目标衡量中所占的比重并不一定相同，在决策者的心目中，它们各占有一定的比例。

在确定影响某因素的诸因子在该因素中所占的比重时，遇到的主要困难是这些比重常常不易定量化。此外，当影响某因素的因子较多时，直接考虑各因子对该因素有多大程度的影响时，常常会因考虑不周全、顾此失彼而使评估者提出与他实际认为的重要性程度不相一致的数据，甚至有可能提出一组隐含矛盾的数据。为看清这一点，可作如下假设：将一块重为1 kg的石块砸成n小块，你可以精确称出它们的重量，设为$w_1, \cdots, w_n$，现在，请人估计这n小块的重量占总重量的比例（不能让他知道各小石块的重量），此人不仅很难给出精确的比值，而且完全可能因顾此失彼而提供彼此矛盾的数据。

设现在要比较n个因子$\boldsymbol{X} = \{x_1, \cdots, x_n\}$对某因素$Z$的影响大小，怎样比较才能提供可信的数据呢？Saaty等人建议可以采取对因子进行两两比较建立成对比较矩阵的办法，即每次取两个因子x_i和x_j，以a_{ij}表示x_i和x_j对Z的影响大小之比，全部比较结果用矩阵$\boldsymbol{A} = (a_{ij})_{n \times n}$表示，称$\boldsymbol{A}$为$Z-X$之间的成对比较判断矩阵（简称判断矩阵）。容易看出，若x_i与x_j对Z的影响之比为a_{ij}，则x_j与x_i对Z的影响之比应为$a_{ji} = \dfrac{1}{a_{ij}}$。

定义1：若矩阵$\boldsymbol{A} = (a_{ij})_{n \times n}$满足

① $a_{ij} > 0$

② $a_{ji} = \dfrac{1}{a_{ij}} (i,j = 1,2,\cdots,n)$

则称之为正互反矩阵，易见$a_{ii} = 1 (i = 1,2,\cdots,n)$。

关于如何确定a_{ij}的值，Saaty等建议引用数字1~9及其倒数作为标度。表3-2列出了1~9比例标度的含义。

表 3-2　1~9 比例标度的含义列表

标度	含义
1	表示两个元素相比，具有相同重要性
3	表示两个元素相比，前者比后者稍重要
5	表示两个元素相比，前者比后者明显重要
7	表示两个元素相比，前者比后者强烈重要
9	表示两个元素相比，前者比后者极端重要
2，4，6，8	表示上述相邻判断的中间值
倒数	若元素 i 与元素 j 的重要性之比为 a_{ij}，那么元素 j 与元素 i 的重要性之比为 $a_{ji} = \dfrac{1}{a_{ij}}$

从心理学观点来看，分级太多会超越人们的判断能力，既增加了作出判断的难度，又容易因此而提供虚假数据。Saaty 等人还用实验方法比较了在各种不同标度下人们判断结果的正确性，实验结果也表明，采用 1~9 标度最为合适。

（3）层次单排序及一致性检验

判断矩阵 A 对应于最大特征值 $\lambda_{\max}$ 的特征向量 W，经归一化后即为同一层次相应因素对于上一层次某因素相对重要性的排序权值，这一过程称为层次单排序。

上述构造成对比较判断矩阵的办法虽能减少其他因素的干扰，较客观地反映出一对因子影响力的差别。但综合全部比较结果时，其中难免包含一定程度的非一致性。如果比较结果是前后完全一致的，则矩阵 A 的元素还应当满足：

$$a_{ij} a_{jk} = a_{ik}, \forall i,j,k = 1,2,\cdots,n$$

定义 2：满足上式关系的正互反矩阵称为一致矩阵。

需要检验构造出来的（正互反）判断矩阵 A 是否严重地非一致，以便确定是否接受 A。

定理 1：正互反矩阵 A 的最大特征根 $\lambda_{\max}$ 必为正实数，其对应特征向量的所有分量均为正实数。A 的其余特征值的模均严格小于 $\lambda_{\max}$。

定理 2：若 A 为一致矩阵，则

① A 必为正互反矩阵。

② A 的转置矩阵 A^{T} 也是一致矩阵。

③ A 的任意两行成比例，比例因子大于零，从而矩阵 A 的秩 $\mathrm{rank}(A) = 1$（同样，A 的任意两列也成比例）。

④ A 的最大特征值 $\lambda_{\max} = n$,其中 n 为矩阵 A 的阶。A 的其余特征根均为零。

⑤若 A 的最大特征值 $\lambda_{\max}$ 对应的特征向量为 $\boldsymbol{W} = (w_1,\cdots,w_n)^{\mathrm{T}}$,则 $a_{ij} = \dfrac{w_i}{w_j}$,$\forall\, i,j = 1,2,\cdots,n$,即

$$\boldsymbol{A} = \begin{bmatrix} \dfrac{w_1}{w_1} & \dfrac{w_1}{w_2} & \cdots & \dfrac{w_1}{w_n} \\ \dfrac{w_2}{w_1} & \dfrac{w_2}{w_2} & \cdots & \dfrac{w_2}{w_n} \\ \cdots & \cdots & \cdots & \cdots \\ \dfrac{w_n}{w_1} & \dfrac{w_n}{w_2} & \cdots & \dfrac{w_n}{w_n} \end{bmatrix}$$

定理3:n 阶正互反矩阵 A 为一致矩阵当且仅当其最大特征根 $\lambda_{\max} = n$,且当正互反矩阵 A 非一致时,必有 $\lambda_{\max} > n$。

根据定理3,我们可以由 $\lambda_{\max}$ 是否等于 n 来检验判断矩阵 A 是否为一致矩阵。由于特征根连续地依赖于 a_{ij},故 $\lambda_{\max}$ 比 n 大得越多,A 的非一致性程度也就越严重,$\lambda_{\max}$ 对应的标准化特征向量也就越不能真实地反映出 $X = \{x_1, x_2, \cdots, x_n\}$ 在对因素 Z 的影响中所占的比重。因此,对决策者提供的判断矩阵有必要作一次一致性检验,以决定是否能接受它。

对判断矩阵的一致性检验的步骤如下:

①计算一致性指标 CI

$$CI = \frac{\lambda_{\max} - n}{n - 1} \qquad (3-28)$$

②查找相应的平均随机一致性指标 RI

对 $n = 1,2,\cdots,9$,Saaty 给出了 RI 的值,如表3-3所列。

表3-3 不同矩阵阶数时对应的 RI 值

n	1	2	3	4	5	6	7	8	9	10	11
RI	0	0	0.58	0.9	1.12	1.24	1.32	1.41	1.45	1.49	1.51

RI 的值是这样得到的,用随机方法构造500个样本矩阵,随机地从 1~9 及其倒数中抽取数字构造正互反矩阵,求得最大特征根的平均值 $\lambda'_{\max}$,并定义

$$RI = \frac{\lambda'_{\max} - n}{n - 1} \qquad (3-29)$$

③ 计算一致性比例 CR

$$CR = \frac{CI}{RI} \tag{3-30}$$

当 $CR < 0.10$ 时,认为判断矩阵的一致性是可以接受的,否则应对判断矩阵作适当修正。

(4) 层次总排序及一致性检验

上面得到的是一组元素对其上一层中某元素的权重向量。最终需要得到各元素,特别是最低层中各方案对于目标的排序权重,从而进行方案选择。总排序权重要自上而下地将单准则下的权重进行合成。

设上一层次(A 层)包含 $A_1, A_2, \cdots, A_m$ 共 m 个因素,它们的层次总排序权重分别为 $a_1, a_2, \cdots, a_m$。又设其后的下一层次(B 层)包含 n 个因素 $B_1, B_2, \cdots, B_n$,它们关于 A_j 的层次单排序权重分别为 $b_{1j}, b_{2j}, \cdots, b_{nj}$(当 B_i 与 A_j 无关联时,$b_{ij} = 0$)。现求 B 层中各因素关于总目标的权重,即求 B 层各因素的层次总排序权重 $b_1, b_2, \cdots, b_n$,计算按表 3-4 所示方式进行,即 $b_i = \sum_{j=1}^{m} b_{ij} a_j$,$i = 1, 2, \cdots, n$。

表 3-4 各因素总排序权重计算

B 层 \ A 层	A_1	A_2	$\cdots$	A_m	B 层总排序权值
	a_1	a_2	$\cdots$	a_m	
B_1	b_{11}	b_{12}	$\cdots$	b_{1m}	$\sum_{j=1}^{m} b_{1j} a_j$
B_2	b_{21}	b_{22}	$\cdots$	b_{2m}	$\sum_{j=1}^{m} b_{2j} a_j$
$\vdots$	$\cdots$	$\cdots$	$\cdots$	$\cdots$	$\vdots$
B_n	b_{n1}	b_{n2}	$\cdots$	b_{nm}	$\sum_{j=1}^{m} b_{nj} a_j$

对层次总排序也需作一致性检验,检验仍像层次总排序那样由高层到低层逐层进行。这是因为虽然各层次均已经过层次单排序的一致性检验,各成对比较判断矩阵都已具有较为满意的一致性。但当综合考察时,各层次的非一致性仍有可能积累起来,引起最终分析结果较严重的非一致性。

设 B 层中与 A_j 相关的因素的成对比较判断矩阵在单排序中经一致性检验,求得单排序一致性指标为 $CI(j), (j = 1, 2, \cdots, m)$,相应的平均随机一致性指标为 $RI(j)$、($CI(j)$、$RI(j)$ 已在层次单排序时求得),则 B 层总排序随机一致性

比例为

$$CR = \frac{\sum_{j=1}^{m} CI(j) a_j}{\sum_{j=1}^{m} RI(j) a_j} \qquad (3-31)$$

当 $CR < 0.10$ 时，认为层次总排序结果具有较满意的一致性并接受该分析结果。

层次分析法适于评估对象结构比较复杂，各个指标间不存在相互间强耦合。操作简明，定性和定量相结合，应用范围广泛。缺点是：比较、判断、结果均较为粗糙，人的主观因素大，有可能导致判断结果存在偏差，不适合精度要求高的问题。

3.6.3.4 G1 赋权法

层次分析法（AHP）通过将每层指标因素相对于上层指标重要性进行两两比较建立判断矩阵，并经过一致性检验得出指标相对于上层指标的权重，其结论和算法都是建立在判断矩阵一致性基础上的。而在实际应用中所建立的判断矩阵往往不是一致矩阵，这就将导致评价指标间权重系数的排序关系的错乱以及对其权重结果进行修正的复杂性。相对于层次分析法，另一种主观赋权法——G1 法能有效避免上述问题，该方法是通过确定评估指标之间的序关系和确定相邻指标之间的重要程度来赋予权重。

G1 法的特点是：不用构造判断矩阵，也无须一致性检验；计算量较 AHP 法大大减少；方法简便、灵活，便于使用；对同一层次中元素的个数没有限制；具有保序性。

G1 赋权法的原理是专家对一系列的指标重要性程度做一个判断，给出一个重要性序列，然后根据重要性序列和一些原则对各个指标给予分值，并依据计算定理得到各个指标的权重。其具体步骤为：

(1) 确定指标间的重要性排序

采用专家评定，确定指标重要程度，并按照重要性进行排序：$X_1 > X_2 > \cdots > X_n$。

(2) 对指标间的重要程度进行判断

设指标的重要性程度用指标的权重 ω_k 来表示，专家关于评价指标 X_{k-1} 与 X_k 的重要程度之比的赋值用 $r_k = X_{k-1}/X_k$，$(k = n, n-1, \cdots, 3, 2)$ 来表示，这样，就可以依照前数个指标之间的序关系，计算出各指标之间的相对重要度。对于指标数量较大时，可以取最次要指标 $r_n = 1$。其中，r_k 的取值可以参考表 3-5。

表 3–5　G1 赋权法指标间重要性比较赋值参考

重要性程度	同等重要	稍微重要	一般重要	明显重要	强烈重要	极端重要
r_k 的取值	1.0	1.2	1.4	1.6	1.8	2.0

（3）确定权重系数

指标 X_n 的权重记作 ω_n，其计算公式为

$$\omega_n = \frac{1}{1 + \sum_{k=2}^{n} \prod_{i=k}^{n} r_i} \tag{3-32}$$

首先计算 ω_n，根据 $r_k = X_{k-1}/X_k$ 可得 ω_{n-1}。
同理求得权重系数 $\omega = (\omega_1, \omega_2, \cdots, \omega_n)$。

3.6.4　客观赋权法

客观赋权法，就是根据各指标在评估指标样本集中所反映的客观差异程度和对其他指标的影响程度进行赋权的方法。

3.6.4.1　熵值法

熵是信息论中测定不确定性的量。一个系统有序程度越高，则熵就越小，所含信息量就越大，反之，无序程度越高，则熵就越大，信息含量就越低。信息量和熵是互补的，信息量是负熵。熵值法就是用指标熵值来确定权重。一般地，将评估对象集记为 $\{A_i\}$ $(i = 1, 2, \cdots, n)$，

指标值相对强度的熵为

$$e(f_j) = -K \sum_{i=1}^{n} (f_j(x_i)/E_j) \log(f_j(x_i)/E_j) \tag{3-33}$$

其中

$$E_j = \sum_{i=1}^{n} f_j(x_i) \tag{3-34}$$

$f_j(x_i)$ 为第 i 个方案 x_i 的第 j 个准则值 $j = 1, 2, \cdots, m$。

如果各方案的第 j 个准则值 $f_j(x_i)$ 全相等，则相对强度 $f_j(x_i) / \sum_{i=1}^{n} f_j(x_i) = \frac{1}{n}$，此时熵 $e(f_j)$ 取最大值（信息量最小），即 $e(f_j)_{\max} = K\log n$，若取 $K = 1/\ln(n)$，则定义准则集 F 的总熵为

$$E = \sum_{j=1}^{m} e(f_j) \tag{3-35}$$

由于信息量与熵成反比关系，因此可用下式表征信息量权重。

$$w_j^2 = [1 - e(f_j)]/[n - E] \quad (j = 1, 2, \cdots, m) \tag{3-36}$$

熵值法突出局部差异的权重计算方法，是根据同一指标观测值之间的差异程度来反映其重要程度的。若各个指标权重系数的大小应根据各个方案中该指标属性值的大小来确定时，指标观测值差异越大，则该指标的权重系数越大，反之越小。如果最重要的指标不一定使所有评估方案的属性值具有较大差异，而最不重要的指标可能使所有评估方案的属性值具有最大差异，因而这样确定的权重系数就会出现这样的情况，即重要指标的权重系数小而不重要指标的权重系数大，这样显然是不合理的。

3.6.4.2 变异系数法

变异系数法（coefficient of variation method）是直接利用各项指标所包含的信息，通过计算得到指标的权重，是一种客观赋权的方法。此方法的基本做法是：在评估指标体系中，指标取值差异越大的指标，也就是越难以实现的指标，这样的指标更能反映被评估单位的差距。

由于评估指标体系中的各项指标的量纲不同，不宜直接比较其差别程度。为了消除各项评估指标的量纲不同的影响，需要用各项指标的变异系数来衡量各项指标取值的差异程度。各项指标的变异系数公式如下：

$$V_i = \frac{\sigma_i}{\bar{x}_i}, i = 1, 2, \cdots, n \tag{3-37}$$

式中，V_i 是第 i 项指标的变异系数，也称为标准差系数；σ_i 是第 i 项指标的标准差；$\bar{x}_i$ 是第 i 项指标的平均数。

各项指标的权重为

$$w_i = \frac{V_i}{\sum_{j=1}^{n} V_j} \tag{3-38}$$

3.6.5 主客观组合赋权法

常用的主观赋权法有专家评判法和层次分析法，常见的客观赋权法有粗糙集、变异系数法、相关系数法、熵值法和坎蒂雷赋权法。主观赋权法的弊端是过分依赖专家的意见，客观赋权法过分依赖统计和数学的定量方法，忽视了评价指标的主观定性分析。比较科学的做法是将主观和客观结合起来，一般常用乘法或线性综合法。

组合赋权法是结合主观赋权法和客观赋权法的各自特点形成的。其做法是：首先分别在主观赋权法和客观赋权法内部找出最合理的主、客观权重系数，再根据具体情况确定主、客观赋权法权重系数所占的比例，最后求出综合评价权重系数。此时，主观赋权用得最多的是 AHP 法，而客观赋权用的多是熵值法、粗糙集方法，客观赋权完全依赖于样本数据，当样本数据变化时，权重也会发生变化。这种方法在一定程度上既反映了决策者的主观信息，又可以利用原始数据和数学模型，使权重系数具有客观性。但是其准确性有赖于对主、客观赋权法权重系数所占比例的确定。

常用下述两种算法求综合权重 w。

① 乘法

$$w_j = \prod_{k=1}^{2} w_j^k \bigg/ \sum_{j=1}^{m} \prod_{k=1}^{2} w_j^k (j=1,2,\cdots,m; k=1,2) \quad (3-39)$$

$w_j^k (j=1,2,\cdots,m; k=1,2)$ 分别代表由主、客观赋权法获取的第 j 个指标的权重系数。

其特点是对各权重作用一视同仁，只要某种作用小（若 $\forall k$ 有 $w_j^k \to 0$），则组合权系数亦小（$w_j \to 0$）。此种综合方法适合于各权重没有明显的特别小的值。

② 加法

$$w_j = \sum_{k=1}^{2} \lambda_k w_j^k \bigg/ \sum_{j=1}^{m} \sum_{k=1}^{2} \lambda_k w_j^k (j=1,2,\cdots,m; k=1,2) \quad (3-40)$$

其中 $\lambda_k (k=1,2)$ 为 2 种权重的权系数，有 $\sum_{k=1}^{2} \lambda_k = 1$，加法的特点是各种权重之间有线性补偿作用。一般可取 $\lambda_1 = \lambda_2 = 1/2$，也可根据需要由专家确定两种权重的权系数。

3.7 典型自动步枪系统效能评估指标体系构建

针对被评估对象（不同的自动步枪）的不确定性，系统效能的评估需要建立合适的指标体系进行，而指标体系由不同的评估指标构成。通常，系统效能评估指标可以分为随机性指标、模糊性指标、灰色性指标、物理指标和综合性指标等几大类。随机性指标是针对发生与否的不确定性的指标，通常用概率来描述；模糊性指标是针对清晰与否的不确定性的指标，通常用模糊隶属度来表示；灰色性指标是针对确知与否的不确定性的指标，可以用灰色系统学指标来描述，常用的灰色系统学指标有灰数和灰函数、灰数白化值、灰色关联系数和关联度、灰色系统的映射量等；物理指标主要是一些含义明确的物理量和无因次量，如武器射程、投射精度等，也常被用系统效能评估指标；综合性指标是各种场合下系统效能评估采用的指标，如完成各种作战任务或射击任务的概率、按质量等级隶属函数分布的可用概率等。

根据自动步枪的作战任务和作战需求，建立的评估指标体系一般可以将它们的系统效能归纳为：机动能力、综合火力能力或火力打击能力、适应能力、生存能力、可靠性、维修保障能力及相关制约因素等多个方面。一种自动步枪完成指定的作战任务时，与自动步枪相关要素的能力集成，称作该自动步枪的作战效能。定义中的能力，主要体现在直射距离、作用效果、携弹量、可靠性、使用适应性、维修保障能力、自动步枪使用寿命等方面。典型自动步枪系统效能包括7个方面的能力，具体如图3-4所示。

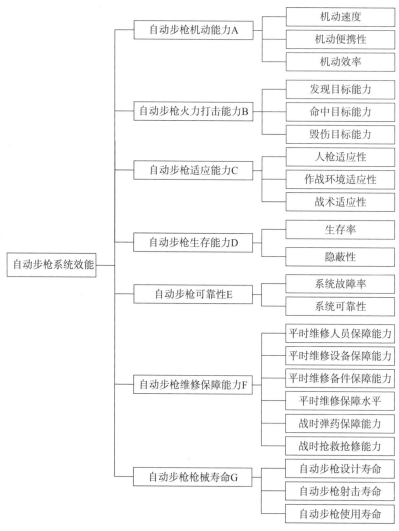

图3-4 典型自动步枪系统效能指标体系图

其中：

机动能力包含徒步机动速度、机动便携性和机动效率3个二级指标；

火力打击能力包含发现目标能力、命中目标能力、毁伤目标能力3个二级指标；

适应能力包含人枪适应性（人机工效）、作战环境适应性、战术适应性等3个二级指标；

生存能力包含生存率和隐蔽性2个二级指标；

可靠性包含故障率、可靠性2个二级指标。

维修保障能力围绕平时维修保障能力和战时维修保障能力展开，包含平时维修人员保障能力、平时维修设备保障能力、平时维修备件保障能力、平时维修保障水平、战时弹药保障和战时抢救抢修能力等6个二级指标。

自动步枪寿命包含三种形式，分别指自动步枪的设计寿命、射击寿命和使用寿命。射击寿命反映枪支能达到的最高寿命水平，使用寿命则是日常训练和战时应用的寿命，具体受使用环境和保养措施的好坏影响。

3.7.1 自动步枪机动能力

自动步枪机动能力是指作战单位实施机动任务时持枪兵力和自动步枪机动的能力。

机动能力是步兵进行战斗的基本条件，部队的战斗阵形由密集形向疏散形发展，单兵的杀伤手段也逐渐由力量向快速反应转变，为了减少在敌火力下暴露的时间和面积，军人在敌火力下的机动方式逐渐变得快速、低姿。而在信息化时代，战争的范围不断扩大，战争的节奏不断加快，作战空间会日益增大，对单兵长距离机动能力提出了更多、更高的要求。同时时间因素也变得更为重要，敌对双方都需要通过争夺空间和时间来抢占战场主动权，这就要求更高的战略、战役和战术范围内的兵力集结、开进、展开、转移速度。因此，频繁的机动作战对自动步枪提出了新的要求：轻便利于机动、具有足够的火力持续性、性能良好。

在我国，士兵的机动性一直是我军战斗力的核心，以机动能力获得局部的兵力优势，是我军战术的精髓。典型的步兵作战模式，就是在快速机动过程中完成阻击、包围和追击等任务，其间的机动基本就是快速徒步行军。行军过程中路况多变，若遇到泥泞或者山地这样复杂的地形，将大大加剧士兵体能消耗和增加士兵受伤概率。单兵装备负荷会直接影响其作战持久能力，为了使士兵能够在长时间的行军和作战情况下，维持较好的生理状态，减少各种伤病发生，各国都对提高士兵的负重能力进行了大量研究。

自动步枪系统机动能力评估围绕机动速度、机动便携性和机动效率3个方面展开，具体如图3-5所示。

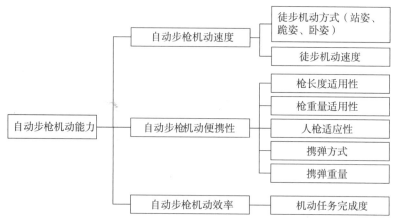

图3-5 典型自动步枪系统机动能力指标构成图

3.7.1.1 徒步机动速度

自动步枪系统在整个作战任务各阶段，除了搭乘运载平台运输和存储转运过程中涉及到机载、舰载、车载等运输平台，其余时间以人员机动为主，依托作战过程中人员的站、跪、卧等多种姿势存在，由人的机动姿态决定枪的机动速度。

无论是搭乘运载平台运输和存储转运，还是转移和战斗过程中的人员机动，主要指标是机动速度，人员徒步机动速度主要受地形、天候、气象、敌火强度、疲劳程度等因素影响，由机动距离、机动耗时共同决定。

机动速度计算方法：机动距离/机动所需时间，单位一般为 km/h 或 m/s，取值范围为一个大于0的数值。

3.7.1.2 机动便携性

自动步枪系统的机动便携性由自动步枪系统本身的长度、重量、人机工程特点、携弹量、携弹方式等因素共同决定。

士兵在执行作战与训练任务时，通常依据战备规定、作战任务需求、作战时间长短、作战地区环境和气候、作战季节等情况携带一定重量的负荷。目前单兵系统总重量一般控制在 15 kg 左右，士兵穿戴单兵装备后，有时候还需要额外负重 20 kg 以上的背包行军。优秀、训练有素的士兵是决定战争胜败的关键因素。士兵在负重情况下行军，往往会因为负荷量大、携行方式不科学、携行负荷分配不合适、行走时间过长等问题，造成人体全身或局部过于疲劳，甚至会产生一系列的运动损伤问题，尤其是新兵，在基本训练中损伤率高达

50%。常见的损伤包括脚外伤、下腰部损伤、应力性骨折（最常见的是胫骨和距骨）、骸骨软化症和后背部拉伤。

自动步枪系统本身的长度、重量、人机工程特点、携弹量、携弹方式等因素对机动速度的影响可以用适用性来衡量。全枪重是指组成单件步枪的所有部件、器具（包括枪身、枪架、瞄具、装具、备附具、容弹具）的重量总和，步枪重量直接影响其射击精度和作战的机动性、灵活性。步枪的重量指标应该考虑单兵的负荷强度，即单兵携带的全部装备的重量总和，单兵携带的重量一般不超过 15 kg。全枪长一般是指在战斗状态下，枪口端面至枪尾端面的外廓距离。

适用性指标可以定性描述，如步枪长度适用性、重量适用性、人枪适用性可以用优［80%，100%］、良［50%，80%）、中［20%，50%）、差［0，20%）来表述，也可以选择定量计算，如不同枪长度、重量、构造情况下的实际野战速度与装备技术速度指标的比值，也是一个［0，1］间无量纲数。

携弹方式：自动步枪除主武器外，一般还有一些附加装备，即弹药携行具主要用于携带武器装备、生活用品等，如弹匣携行袋，实现了步枪弹药"胸挂"模式，使得弹匣和手榴弹、枪油壶等一系列大大小小的配件都能集中在胸前，让作战人员在携行、做战术动作时都能相对轻松。无论是卧姿射击还是跪姿、立姿射击时，从胸前抽取弹匣的动作幅度比腰部抽取弹匣小，也方便。腰挂弹药包在翻滚、匍匐前进时会出现移位、硌腰之类的情况。新的携行具沿用了"胸挂"方式，集防弹、携行等功能于一体，已是模块化建设的战术背心。携弹方式描述方法可用枚举类型。

携弹重量：步兵携弹重量为步兵按照战斗命令携带某个数量的弹药时，所有弹药的总重量，单位为 kg。

3.7.1.3 机动效率

机动效率主要由机动任务完成度决定，该指标一般需要经过大量的训练实践并采样记录获得。

对机动能力的评估可在一特定场景下执行相同的作战任务表现出来。根据不同的需要，评估系统可建立不同的场景，可以对一个特定的作战场景建模。例如，作战场景是一片充满各种灌木、瓦砾和沟壑的森林，任务场景是控制作战人员不变，即士兵参数属性设置相同，携带的枪械参数不同，包括枪长、枪重等，由作战人员在这特定场景中完成行军转移的任务，最后由完成的时间来评估比较不同参数枪械的机动能力。在步兵的战术动作中，步枪的重量、长度以及步枪的重心位置都会影响到步兵在实现战术动作的实现。

机动任务完成度计算方法：机动任务实际耗时/机动任务预计耗时，单位为无量纲百分数（0~100%）。

3.7.2 自动步枪火力打击能力

自动步枪火力打击能力有时又称自动步枪综合火力能力,指自动步枪对地面、地下、低空等不同空间、不同类型有生目标和非有生目标的硬摧毁能力。主要包括发现目标能力、命中目标能力和毁伤目标能力,具体如图3-6所示。

图3-6 典型自动步枪火力打击能力指标构成图

3.7.2.1 发现目标能力

发现目标能力是指用于衡量使用自动步枪的作战人员发现目标的能力,由系列指标决定,主要受地形、天候、气象、目标伪装、观瞄器材性能等因素影响。具体分指标如下:

(1)观瞄镜类型:用于描述自动步枪配备的观瞄镜的类型,如光电观瞄镜、微光观瞄镜、白光观瞄镜,不同观瞄镜使用条件不同,发现目标能力不同,无量纲,枚举类型。

(2) 观瞄镜放大倍率：用于描述自动步枪配备观瞄镜的可用可选放大倍率，决定最大可观瞄目标距离，量纲为倍数。

(3) 目标发现率：使用自动步枪的作战人员发现敌方目标的概率，由成功发现目标的个数/所有目标的总个数决定，用百分比表示。

(4) 目标发现距离：指完成某类型某项具体任务时可采用装备或人力的最大发现距离，量纲为米。

(5) 目标识别率：使用自动步枪的作战人员在发现目标后成功识别敌方目标的概率，由成功识别目标的个数/所有发现目标的总个数决定，用百分比表示。

(6) 目标识别距离：指完成某类型某项具体任务时可采用装备或人力的最大识别距离，量纲为米。

3.7.2.2 命中目标能力

命中目标能力指在不同据枪方式、射弹速度和射击精度下达到毁伤目标的能力。主要考虑自动步枪的有效射程、射速、射击精度、据枪方式（稳定性）、命中概率等因素。

(1) 有效射程

有效射程是指武器以规定的射击姿势与射击方法，对规定目标达到预定的射击精度和足够的终点效能时的最大射程，即能满足人们对它期望的基础上能达到的最大距离。

有效射程的界定各国之间也是有所不同。自动步枪口径通常小于 8 mm，发射步（机）枪弹，一般枪长 1 000 mm 左右，枪重约 4 kg，容弹量 10~30 发，初速 700~1 000 m/s，有效射程多为 400 m。影响有效射程的最大因素是枪械本身的精度。一般来说，枪械的枪管越长，子弹的初速也就越高，精度也就相对较高。有效射程并不是枪械的最大射程，超过有效射程仍然可以命中、击杀目标，只是射击精度和终点效应差点而已。

(2) 战斗射速

射速，有时也称射击频率。步枪射速可用理论射速和战斗射速两个指标来描述。理论射速指步枪在规定的单位时间内能够连续发射的子弹数，通常用来验证枪械的某一项单一功能，即步枪从送弹入膛到闭锁、击发、退壳等这些动作连续进行的能力，不考虑装弹、瞄准时间等因素，也不考虑射击精度和环境对射手的影响等。战斗射速考虑的因素比理论射速多，要求在规定的单位时间内完成据枪、瞄准、击发、更换弹匣、转移射击阵地等动作，并要在保持一定射击精度等情况下能打出的最大弹药量。战斗射速统计一般采用点射方式进行射击，通常要低于理论射速。在实际作战中战斗射速还要受到枪管受热能力的限制，连续发射弹药过多，容易提高故障率，甚至出现炸膛等现象。

步枪的战斗射速是影响步枪综合火力能力的重要因素，是用于表述火力持续实施能力的指标，也可以用理论射速来描述，但考虑到实战中射击程序和实际操作情况多变等因素影响，用实际战斗射速来描述更为贴切。研究枪械的射击频率是分析、研究、检验、评价枪械系统总体性能的一个必不可少的参数，射击频率与射击精度关系密切，通过协调射击频率与枪械固有频率的关系，可减少枪口振动，提高射击精度。

步枪的战斗射速是指按实战要求规定的射击程序和操作方法（考虑装弹、瞄准、击发、火力转移和点射停顿）射击时每分钟内能够发射的平均射弹数，即单位时间能射出的子弹数，量纲一般取发/min。步枪的射速与步枪的火力突击能力关系密切，但随着步枪系统的不断成熟，大多数步枪都已达到100 发/min 的战斗射速，一般不超过 1 000 发/min。

（3）火力打击精度

火力打击精度，也称射击精度，一般包括射击密集度和射击准确度，用于衡量枪械系统对目标的射击效果。射击密集度指射弹散布围绕散布中心的密集程度，属随机误差；射击准确度属系统误差。可用在一定距离条件、一定战法实施下的落点的偏差范围来衡量，量纲为米。

在每次进行射击时，弹头落点一般不会正好与瞄准点重合，所以射击或发射是有误差的，弹着点一般会形成一个二维散布图形，其散布程度主要取决于武器射击的密集度，而武器的射击精度则与射击的散布程度和准确度同时相关。

射击准确度是指散布中心对瞄准点的偏离程度，由射击诸元误差的大小来衡量，射击准确度也称为诸元精度。

弹着点的分布称之为弹道散布，也称射弹散布，对于抛射式武器来说是不可避免的。射弹散布是由随机因素引起的，造成射弹散布的主要因素有：目标测度、射击诸元（包括高低瞄准角、水平方向角）装定、弹头初速、弹道系数以及子弹质量和落速、气象条件等方面。

每次发射时有很多随机因素，如枪身温度、枪膛清洁程度、弹头重量、弹头形状、火药的重量、弹头初速、发射角、枪手操作特点、气象条件、海拔高度、环境特点等，这些随机因素的影响使得用相同的射击诸元（同样的瞄准条件下）进行的连续多次发射，各发弹的落点并不重合于一个点上，而是分布在散步中心周围的一定区域内，形成一种射弹散布现象，它使每发弹的落点偏离散布中心。设弹落点偏离散布中心的距离为 $\overline{\Delta S}$，称为散布误差或散布偏差。

在外界条件恒定不变情况下，由同一射手实施多次重复射击，即使武器、弹药和瞄准点均相同，弹着点也互不重合，不同弹道散布对应不同数学模型。在大量射弹形成的散布不是均匀的，散布的中间往往较密集，外部则相对稀疏，射弹在一个方向上的分布往往服从正态分布。

弹道散布在垂直面上称为垂直散布面，分高低散布和方向散布；在水平面上称为水平散布面，分为距离散布和方向散布。射弹散布有几个主要规律：（a）弹着点散布不均匀，越接近散布中心，弹着点分布越密，距离散布中心越远，分布越稀；（b）弹着点散布对称，在离散布轴距离相等且彼此平行的散布界内，其弹着点大致相等；（c）散布面有一定范围，垂直面上的高低散布一般大于方向散布，水平面上距离散布一般大于方向散布，距离越远散布范围越大。

常用的弹道散布数值表征量有散布中心、公算偏差和散布椭圆。

在近距离射击时，垂直面上的散布可以近似看作圆形，即其在垂直散布面上的高低散布和方向散布类似，这样可以通过这个圆的半径来判定散布面的大小。以平均弹着点为中心画一个圆，若该圆包含了50%的射弹数，那么这个圆的半径便是R50，若这个圆包含了所有的射弹数，那么这个圆的半径便是R100。

1）散布中心计算模型

散布中心为平均弹道与目标表面的交点，通常以平均弹着点作为射弹的散布中心，散布中心 (x_c, z_c) 的计算模型为

$$\begin{cases} x_c = \dfrac{1}{N} \sum_{i=1}^{N} x_i \\ z_c = \dfrac{1}{N} \sum_{i=1}^{N} z_i \end{cases} \qquad (3-41)$$

式中，(x_i, z_i) 为第 i 个弹着点的坐标；N 为弹着点的个数。

根据误差定理，若已知射弹散布在某一方向的公算偏差，则散布中心的公算偏差为

$$R = B/\sqrt{N} \qquad (3-42)$$

式中，R 为散布中心误差在某一方向上的公算偏差；B 为射弹散布在某一方向上的公算偏差。

2）公算偏差计算模型

公算偏差，也称概率偏差，是描述射弹散布范围大小的基本特征量，是与任意散布轴线相邻接，并包含全部弹着点25%的界限的宽度。在垂直散布面上分为高低公算偏差和方向公算偏差，在水平散布面上分为距离公算偏差和方

向公算偏差。

根据外弹道学理论，对地面目标进行射击时，射程由初速 v_0、高低瞄准角 α_0 和弹道系数 C（纵风、气温和气压）等因素决定。公算偏差又分为方向公算偏差 B_x、距离公算偏差 B_y 和高低公算偏差 B_z。方向公算偏差主要由水平瞄准角 β_0、风速横向分量 v_{wx} 的公算偏差决定；距离公算偏差是初速 v_0、瞄准角 α_0 和弹道系数 C 的散布函数，而高低公算偏差由距离公算偏差决定。三者相互间关系如下：

$$\begin{cases} B_x = \sqrt{(B_{\beta_0}\Delta X_{\beta_0})^2 + (B_{v_{wx}}\Delta X_{v_{wx}})^2} \\ B_y = \sqrt{(B_{v_0}\Delta Y_{v_0})^2 + (B_{\alpha_0}\Delta Y_{\alpha_0})^2 + (B_{coe}\Delta Y_{coe})^2} \\ B_z = B_y \cdot \tan\theta_S = B_y \cdot \theta_s/1\,000 \end{cases} \quad (3-43)$$

式中，B_{β_0} 为水平瞄准角的散布公算偏差；$B_{v_{wx}}$ 为风速横向分量散布公算偏差；Δx_{β_0} 为水平位移对水平瞄准角 β_0 的敏感因子；$\Delta x_{v_{wx}}$ 为水平位移对风速横向分量 v_{wx} 的敏感因子；B_{v_0} 为初速的散布公算偏差；B_{α_0} 为瞄准角的散布公算偏差；B_{coe} 为弹道系数的散布公算偏差；ΔY_{v_0} 为射程对初速 v_0 的敏感因子；ΔY_{α_0} 为射程对瞄准角 α_0 的敏感因子；ΔY_{coe} 为射程对弹道系数 coe 的敏感因子；θ_s 为弹道落角。

对射击武器而言，其落角 θ_s 很小，小角的正切值 $\tan\theta_s$ 可近似地用该落角除以 $1\,000$（即 $\theta_s/1\,000$）代替。敏感因子的计算利用弹道微分方程组，取因素变化一个单位，计算射程或方向位移的变化量，即是敏感因子。

3) 散布椭圆模型

由于射弹散布在任意方向上均遵循标准正态分布，由于有两个方向上的散布同时作用，即可得到散布椭圆。散布椭圆分为水平散布椭圆和垂直散布椭圆，由距离散布和方向散布组成水平散布椭圆，由高低散布和方向散布组成垂直散布椭圆。

方向散布和高低（距离）散布的概率密度函数分别为

$$f(x) = \frac{\rho}{B_x\sqrt{\pi}}e^{-\rho^2\frac{x^2}{B_x^2}} \quad (3-44)$$

$$f(z) = \frac{\rho}{B_z\sqrt{\pi}}e^{-\rho^2\frac{z^2}{B_z^2}} \quad (3-45)$$

高低散布、距离散布与方向散布互相独立又互相垂直，它们的联合分布密度为

$$f(x,z) = \frac{\rho^2}{B_xB_z\pi}e^{-\rho^2\left(\frac{x^2}{B_x^2}+\frac{z^2}{B_z^2}\right)} \quad (3-46)$$

设

$$\frac{x^2}{B_x^2} + \frac{z^2}{B_z^2} = k^2 \tag{3-47}$$

以垂直散布椭圆为例，其标准椭圆方程为

$$\frac{x^2}{k^2 B_x^2} + \frac{z^2}{k^2 B_z^2} = 1 \tag{3-48}$$

式中，k 为椭圆的调整系数，$k \neq 0, \infty$。

(4) 据枪方式（稳定性）

据枪方式/据枪稳定性用于表述不同据枪方式对射击精度和杀伤效果的影响。

自动步枪的据枪方式主要有三种：立姿、跪姿、卧姿，不同据枪射击方式决定不同的据枪稳定性，直接影响射击精度。其中，立姿射击难度最大，重心高，支撑面小，人枪结合不如卧姿和跪姿，稳定性较差。

据枪稳定是进行精确射击的基础，它是指射手据枪后，枪支准确地瞄向目标所停留的时间、枪支晃动范围的大小以及对缩小晃动范围过程的控制。在自动步枪卧、立、跪三种射击姿势中，卧姿的稳定是在屏气的同时出现的，在稳定之前枪支是随着呼吸在目标上下做垂直运动。立姿稳定性表现为枪支晃动范围、相对静止持续时间和晃动是否有规律。只有训练有素的运动员立姿枪的晃动范围可基本控制在9环以内，而且持续时间相对较长，利于保证击发质量。跪姿的稳定性，一般中、高级射手枪支只在瞄准区内微微颤动，或者有规律的小晃动。随着训练水平的提高，稳定性也逐渐增强，少数射手可以达到或接近卧姿的稳定水平。

据枪方式（稳定性）可定性描述，如取优 [80%，100%]、良 [50%，80%)、中 [20%，50%)、差 [0，20%)。

(5) 命中概率

命中概率是指命中目标的步枪子弹数量占步枪射击子弹总数的比重。命中概率代表在某些确定的射击条件下命中目标的可能性。不同武器命中概率不同，命中概率主要取决于目标的外形特征和运动状态、武器的瞄准精度、射击精度（包括武器射击散布面大小、射击方向以及散布中心对目标中心的相对位置等）。枪械命中概率的计算方法有近似法和公式法两类，其中近似法又分为按散布中央半数必中界（与散布轴线相邻的两个公算偏差为半数必中界）求命中概率、用散布梯尺求命中概率和用散布网求命中概率3种。公式法较好用，若基于对抗仿真试验或打靶试验，则根据实际情况测得。

单装射击命中概率（p_{dzmz}）指自动步枪在单装射击时的命中概率，用于衡量装备在单装射击时的射击精度。命中概率 = 该型装备命中目标弹数/射击弹数,可用无量纲百分数表示(0~100%)。

进攻时射击命中概率(p_{jgmz})是指完成进攻训练(作战)任务中,轻武器装备射击的命中概率,用无量纲百分数表示。

防御时射击命中概率(p_{fymz})是指完成防御训练/作战任务中,轻武器装备射击的命中概率,该型装备命中目标弹数/射击弹数,用无量纲百分数表示。

不同状态下命中概率的影响因素有目标大小、天候、气象、疲劳程度、紧张程度、瞄准误差、散布误差(点射/连发)、瞄具性能等。

评定自动步枪的命中概率,一般要考虑一对一、一对多和多对一等3种实战情况,可对敌目标进行单发射击或3连发点射,并充分考虑敌对人员目标的不同状态,即敌目标处于隐蔽、半隐蔽或全部暴露等状态,大致包含7种类型:即人头、人胸、半身、正面跑步、侧面跑步、全身、机枪+人目标等状态。不同枪械对不同目标点射的命中概率和毁伤概率不同,要分别建立该武器相应的命中概率模型。

由于枪械射击效率指标是以对人体目标的杀伤效果为评定标准,而人体不是规则的长方形,计算前必须先确定人体目标的体形系数,目标的体形系数根据目标的实际截面积/目标的矩形面积获得,典型人体目标的体形系数如表3-6所示。

表3-6 各种典型人体目标的体形系数

目标类型	人头目标	人胸目标	半身目标	跑步目标(正)	跑步目标(侧)	全身目标
人形系数	0.73	0.72	0.80	0.80	0.53	0.76

1)单枪对单目标射击时的命中概率(一对一)

设散布椭圆和目标分别用空心椭圆和阴影部分表示,平均弹道在散布椭圆的中心,见图3-7。

单发时,命中概率为

$$p_{1-1,j_r=1}(x,z) = \int_{-l_x}^{l_x} \int_{-l_z}^{l_z} \frac{\rho^2}{\pi B_h B_v} e^{-\rho^2 \left[\frac{x^2}{B_h^2} + \frac{z^2}{B_v^2}\right]} dxdz \quad (3-49)$$

式(3-49)和图3-7中,$p_{1-1,j_r=1}$为单发的命中概率;(x_a,z_a)为目标左下角的坐标;(x_b,z_b)为目标右上角的坐标;$2l_x$为目标的宽度;$2l_z$为目标的高度;B_h为水平方向的散布公算偏差;B_v为垂直方向的散布公算偏差;ρ为正态常数,满足关系式$\frac{2}{\sqrt{\pi}}\int_0^\rho e^{-t^2}dt = 0.5$,可得$\rho \approx 0.476\,936$,所以一般取为0.476 936。

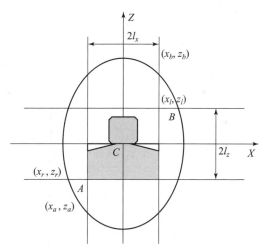

图 3-7 射弹散布与目标间关系图

令 $\phi(t) = \dfrac{\rho}{\sqrt{\pi}}\exp(-\rho^2 t^2)$

当平均弹道与目标中心重合时,单发的命中概率为

$$\begin{aligned}p_{1-1,j_r=1}(x,z) &= \int_{-l_x}^{l_x}\int_{-l_z}^{l_z}\frac{\rho^2}{\pi B_h B_v}e^{-\rho^2\left[\frac{x^2}{B_h^2}+\frac{z^2}{B_v^2}\right]}\mathrm{d}x\mathrm{d}z \\ &= \frac{1}{4}\phi\left[\frac{l_x}{B_h}\right]\phi\left[\frac{l_z}{B_v}\right]\end{aligned} \quad (3-50)$$

其中,j_r 为作战人员射击时发射的射弹数,$j_r=1$ 代表发射了一枚弹药,$j_r=M$ 代表发射了 M 枚弹药。当平均弹道与目标中心不重合时,设平均弹道中心与目标中心的误差为 (x_c,z_c),此时单发的命中概率为

$$\begin{aligned}p_{1-1,j_r=1}(x+x_c,z+z_c) &= \int_{-l_x}^{l_x}\int_{-l_z}^{l_z}\frac{\rho^2}{\pi B_h B_v}e^{-\rho^2\left[\frac{(x-x_c)^2}{B_h^2}+\frac{(z-z_c)^2}{B_v^2}\right]}\mathrm{d}x\mathrm{d}z \\ &= \frac{1}{4}\left[\phi\left[\frac{x_c+l_x}{B_h}\right]-\phi\left[\frac{x_c-l_x}{B_v}\right]\right]*\left[\phi\left[\frac{z_c+l_z}{B_h}\right]-\phi\left[\frac{z_c-l_z}{B_v}\right]\right]\end{aligned} \quad (3-51)$$

其中,ϕ 计算同上。

由于枪械射击效率指标是以人体目标的杀伤效果进行评定的,而人体不是规则的长方形,进行计算前,必须首先确定人体目标的体形系数。人体目标的具体体形系数参见表 3-6。

由此，考虑人形系数 k_p 时的命中概率为

$$p_{1-1,j_r=1,k_p} = k_p \cdot p_{1-1,j_r=1} \qquad (3-52)$$

单目标遭多发连续射击时，设 M 为发射弹数，当 M 发的平均弹道均重合，则连发时的命中概率为

$$p_{1-1,j_r=M} = 1 - (1 - p_{1-1,j_r=1})^M \qquad (3-53)$$

实际连发过程中，每一发的平均弹道是不可能重合的，且在第 2 发以后各发弹的射弹散布通常要比第 1 发的大得多，假设 $p_{1-1,1}, p_{1-1,2}, \cdots, p_{1-1,M}$ 分别表示第 $1, 2, \cdots, M$ 发的单发命中概率，此时，连发的命中概率则为

$$p_{1-1,j_r=M} = 1 - \prod_{j_r=1}^{M}(1 - p_{1-1,j_r}) \qquad (3-54)$$

2）单枪对多目标射击时的命中概率（一对多）

战斗过程中若多个目标相对集中，此时作战人员通常采用正面人工散布的方式实施射击任务。假设目标的分布范围为一个长方形区域，如图 3-8 所示的 $ABCD$ 的阴影部分。求解命中概率前，先进行如下假设：n 个敌目标在区域内均匀分布。目标 $ABCD$ 的面积 S 等于区域高度 $2l_z$ 与人工散布正面宽度 $2l_x$ 的乘积，即

$$S = 2l_z 2l_x \qquad (3-55)$$

图 3-8　正面人工散布面和目标分布图

则，长方形的命中概率为

$$\begin{aligned}
&p_{1-n_t}(x,z)\\
&= \int_{-l_x}^{l_x}\int_{-l_z}^{l_z} \frac{\rho^2}{\pi k_h B_h B_v} e^{-\rho^2 \left[\frac{x^2}{(k_h B_h)^2} + \frac{z^2}{B_v^2}\right]} dx dz\\
&= \frac{1}{4}\phi\left[\frac{l_x}{k_h B_h}\right]\phi\left[\frac{l_z}{B_v}\right]
\end{aligned} \qquad (3-56)$$

式中，k_h 为正面散布射击时，水平公算偏差的放大倍数，一般取为 1.75。

设第 i 个敌目标的面积为 S_i，命中概率为 p_{1-n_t,i_t}，S 为多个目标集中区域 $ABCD$ 的总面积，由于敌目标在长方形区域内均匀分布，因此该目标命中概率与长方形命中概率有如下关系式：

$$\frac{p_{1-n_t,i_t}}{p_{1-n_t}} = \frac{S_i}{S} = \frac{S_i}{2l_z 2l_x} \qquad (3-57)$$

则对单个敌目标的命中概率为

$$p_{1-n_t,j_r=1,i_t} = \frac{S_i \cdot p_{1-n_t}}{2l_z \cdot 2l_x} \qquad (3-58)$$

单枪单发对集群目标实施正面人工散布射击的命中概率为

$$p_{1-n_t,j_r=1} = \sum_{i_t=1}^{K} p_{1-n_t,j_r=1,i_t} \qquad (3-59)$$

设连发的弹数为 M,实施正面人工散布射击后,仅有 M' 发子弹落在长方形目标区域内,则连发时的命中概率为

$$p_{1-n_t,j_r=M} = \left[1 - \prod_{j_r=1}^{M}(1-p_{1-n_t,j_r})\right]\frac{M'}{M} \qquad (3-60)$$

3) 多枪对单目标射击的命中概率（多对一）

战斗中,若多个作战人员同时发现单个敌目标,此时作战人员可能同时对敌目标实施射击任务。此时的射击任务可分解成若干个单枪对单目标的射击任务的集成,即可先简化成一对一命中概率的计算模型,然后再相加。

设有 n 个作战人员同时发现目标,$p_{n_g-1,j_r=1,i_g}$ 表示第 i 个作战人员对目标的命中概率,则多枪对单个目标射击时的命中概率为

$$p_{n_g-1,j_r=1} = \sum_{i_g=1}^{n_g} p_{n_g-1,j_r=1,i_g} \qquad (3-61)$$

考虑连发时,设 $p_{n_g-1,j_r=1,1}, p_{n_g-1,j_r=1,2}, \cdots, p_{n_g-1,j_r=1,M}$ 分别表示第 i 个作战人员实施连发射击时第 $1,2,\cdots,M$ 发射弹的命中概率,则此时的命中概率为

$$p_{n_g-1,j_r=1} = \sum_{i_g=1}^{n_g}\left[1-\prod_{j_r=1}^{M}(1-p_{n_g-1,j_r=1,i_g})\right] \qquad (3-62)$$

此外,为评价自动步枪火力打击能力,还需考虑两个静态指标,即首发开火时间和首发命中时间。

(6) 首发开火时间

首发开火时间指自动步枪在从下达射击命令或战斗实施开始到第一次发现目标并实施射击的时间间隔,主要用于衡量装备的快速反应能力,受天候、气象、地形、目标距离等因素影响,为大于 0 的数值,量纲可取秒。

首发开火时间计算方法：实施首发射击时间减去下达射击命令或战斗实施开始时间。

(7) 首发命中时间

首发命中时间指自动步枪从下达射击命令或战斗实施开始到第一次命中目

标的时间间隔，主要用于衡量装备的射击效率，受天候、气象、地形、目标方位、目标距离、瞄具性能等因素影响，为大于0的数值，量纲取秒。

首发命中时间计算方法：第一次命中目标时间减去下达射击命令或战斗实施开始时间。

3.7.2.3 毁伤目标能力

毁伤目标能力指自动步枪毁伤人员和非有生目标的能力，可用有效杀伤距离和毁伤率两个标准来描述。射击武器的性能最终要体现到对目标的毁伤上，如何准确刻画目标的毁伤是个基础问题。命中条件下的毁伤概率是指目标被击中后立即或在数十秒内丧失战斗力的概率，主要用于描述弹头或破片使被击中者丧失战斗力的能力。丧失战斗力意味着作战人员的伤情使之不能继续执行指派的任务。大多数情况下，从人员被命中到丧失战斗力需经历一定的时间，命中条件下的毁伤概率主要取决于弹头或破片传递的能量、具体中弹部位和相关战斗条件。

目标毁伤可以理解为作战过程中作战双方人员、器材、装备、弹药和武器、工程设施及其他军事目标被破坏或毁伤的程度。描述目标毁伤程度的主要依据是毁伤标准：①对非有生目标的毁伤标准。武器装备及工程设施的毁伤标准，通常根据作战目的和研究需求，分为若干等级，一般分为轻度毁伤、中等毁伤和严重毁伤。轻度毁伤指不妨碍装备设施立即使用的毁伤，使用人员稍加修理就可以使装备或设施恢复到正常使用状态；中等毁伤指不对装备或设施进行大修就不能使用的毁伤；严重毁伤指使装备或设施永远不能使用的毁伤。②人员的杀伤标准。人员的伤亡（战斗减员）不同于装备的毁伤，一般不能按毁伤程度来区分，凡是不能履行其职责的人员都可以认为是伤亡，当然在某些情况也对重伤或轻伤进行区分，在很多情况下，最好是把人员的伤亡作为目标毁伤分析的基础，而不把装备毁伤作为基础。

通常情况下，判断作战人员的致伤效应主要有动能、比动能和A-S模型三种判断方法。

（1）动能判据

该判据是致伤能量的临界值，对人员杀伤的动能 E_s 一般取为 78~98 J，即投射物命中目标时的动能小于该阈值则不能杀伤，而当命中目标时的动能大于该阈值时则意味着可达到杀伤目的。

（2）比动能判据

该判据是弹头或破片具有的着靶动能与弹头最大横截面积或着靶面积之比值。步枪一般用所发射弹头的枪口比动能作为致伤力判据，所谓枪口比动能，指弹头出膛后，在枪口附近（30~50 cm）位置时具有的动能与弹头横截面积的比值。粗略的鉴定标准是将枪口置于距厚度为 25.4 mm 的干燥松木板 1 m 处射击，弹头穿透该松木板时，即可认为足以致人死亡；弹头或弹片卡在松木板上的，即可认为足以致人伤害。公安部于 2007 年发布的枪支致伤认定标准是枪口比动能 1.8 J/cm²，中国香港为 7.077 J/cm²，而中国台湾则是 20 J/cm²。击穿人体皮肤一般要求枪口比动能达到 10~15 J/cm² 以上，1.8 J/cm² 可以致裸露的眼睛等最脆弱部位造成轻伤以上伤害。由于破片是多边形，旋转飞行，故着靶面积是随机变量。比动能标准的伤判据阈值不随弹头口径、质量和初速而变化，具有普适性。

弹头或破片的比动能为

$$e_y = \frac{E_y}{s} \tag{3-63}$$

式中，E_y 为弹头或破片的着靶动能；s 为枪弹弹头最大横截面积或破片着靶面积的数学期望。

对人员杀伤的比动能 e_y 一般取 1.27~1.47 MJ/m²。

(3) A-S 判据

该判据是由美国的 F. Allen 和 J. Sperrazza 于 1956 年提出的、综合考虑了人员目标、进攻/防御/保障等战术任务和从受伤到丧失战斗力时间间隔的判断模型，命中目标条件下的杀伤概率为

$$P_{hk} = 1 - e^{-a(9.17 \times 10^4 m v^{1.5} - b)^n} \tag{3-64}$$

式中，P_{hk} 为一次随机命中执行特定任务的作战人员在某一规定时间内丧失战斗力的概率；m 为弹头或破片的质量，量纲为 kg；v 为弹头或破片撞击人员目标时的速度 (m/s)；a, b, n 为取决于不同战术情况时的常量，具体取决于杀伤元的类型、作战人员承担的任务和丧失战斗力的时间等因素；具体见表 3-7。

表 3-7 4 种典型情况下的 a, b, n 常量表

序号	丧失战斗力时间		a	b	n
1	防御	30 s	8.8871×10^{-4}	31 400	0.451 06
2	进攻	30 s	7.6442×10^{-4}	31 000	0.495 70
	防御	5 min			
3	进攻	5 min	1.0454×10^{-3}	31 000	0.487 81
	防御	30 min			
	防御	0.5 d			
4	保障	0.5 d	2.1973×10^{-3}	29 000	0.443 50

以杀伤元释放能量或能量速率为自变量,以人员丧失战斗力程度为目标,可评估自动步枪的杀伤效能,涉及创伤弹道学、杀伤元致伤机理认知等因素。

(1) 有效杀伤距离

有效杀伤距离指子弹从出膛到还具有杀伤力的距离,和有效射程一样,可人为规定,一般根据有效杀伤人体的动能判据标准来决定。

关于子弹动能对人的伤害问题,100 J 既可致死。按照美军和德军的 78 J 致死动能标准,只要弹头碰触人体前还具有 78 J 的动能,就判定为能够致命的枪弹;法国的动能标准为 39 J。外文资料的动能单位使用"英尺-磅"(foot-pound),缩写为"ft-lbs",78 J 换算过来约 57.55 ft-lbs,实验中用能否穿透 1 inch(25.4 mm)厚松木板来测试的。苏联的致死动能标准是 98 J,高的原因是设置的假想敌拥有更好的个体防护。还有一种是速度致死理论,只要弹头的速度达到 76 m/s 即为致命。实际上,步枪的有效杀伤距离一般较远,主要影响因素是弹头的初速和环境条件。

在采用 78 J 动能标准时,凡破片或枪弹所具有动能不小于上述规定值 78 J,即认为具有杀伤能力,并称之为杀伤破片。人体只要命中一枚杀伤破片,就认为被杀伤。因此,可将人员的杀伤概率等同于杀伤破片的命中概率来处理,也就是说

$$\begin{cases} p(I/H) = 1, 当破片动能 \geq 78 \text{ J} \\ p(I/H) = 0, 当破片动能 < 78 \text{ J} \end{cases} \quad (3-65)$$

这种以动能为标准来评价和判定单个破片或其他投射物的杀伤威力的方法虽然比较简单,但也非常粗糙。还有一种以条件杀伤概率为标准的杀伤判据,相对较复杂。

此项指标可以通过试验来获得。

(2) 杀伤/毁伤概率

杀伤/毁伤概率是通过在射击距离、射击准确度、弹头杀伤威力一定的条件下,对于给定目标的毁伤概率,一般用无量纲百分比表述。杀伤(毁伤)效能还可细分为进攻时的杀伤概率和防御时的杀伤概率 2 个指标,主要用于衡量装备在进攻/防御训练或进攻/防御作战任务中杀伤/毁伤目标的效率,即该型装备实际杀伤/毁伤目标数比上命中目标数,可用无量纲百分数(0 ~ 100%)表示。

杀伤/毁伤概率的主要影响因素有射击距离、射击准确度、弹头杀伤威力、命中目标部位、目标防护等;涉及数据包括杀伤/毁伤目标数、命中目标数、命中目标部位。

杀伤/毁伤概率可利用 A-S 判据求取。1956 年,J. Sperrazze 认为,对于

同一类型的杀伤元，质量为 m，速度为 v，则形成创伤的严重程度是 mv^β 的函数，其中 β 为实验结果确定的数值，一般情况下 $\beta = 3/2$，并提出用威布尔概率分布函数来表达，详情可参见式（3-64）。

$$P_{hk} = 1 - e^{-a(mv\beta - b)^n}$$

目标毁伤可以分为两种情况：一种是只有当弹头直接命中目标时才能毁伤目标，如步枪子弹对目标的毁伤，反坦克导弹对坦克的毁伤等，都属于这类情况，此时毁伤目标的概率与命中的弹数有关；另一种情况是弹头虽然没有命中目标，也能毁伤目标，毁伤目标的概率与弹落点相对于目标的位置有关，例如有关炮兵发射的榴弹对人员或工程设施的毁伤就属于此种情况。可用数量毁伤率和坐标毁伤率来度量这两种情况下的目标毁伤概率，本课题涉及数量毁伤率。

数量毁伤率分成零壹毁伤率、阶梯毁伤率和指数毁伤率。设毁伤目标的概率为 $P(k)$，其中 k 表示命中目标的弹数。$P(k)$ 具有如下性质：

① $k = 0$ 时，$\rho(k) = 0$；
② $P(k) \geqslant P(k-1)$；
③ 对任一 k，当 $k \to +\infty$ 时，$P(k) \to 1$。

1）零壹毁伤率

一般形式为

$$P(k) = \begin{cases} 0 & (k < m) \\ 1 & (k \geqslant m) \end{cases} \quad (3-66)$$

它表示当命中弹数少于 m 时，肯定不能毁伤目标，而当命中弹数等于或大于 m 时，必然毁伤目标。零壹毁伤率，一般情况下主要指 $m = 1$ 的情况。

2）阶梯毁伤率

阶梯毁伤率的表示形式为

$$P(k) = \begin{cases} 0 & (k < 1) \\ k/m & (1 \leqslant k \leqslant m) \\ 1 & (k \geqslant m) \end{cases} \quad (3-67)$$

当 $m = 1$ 时，阶梯毁伤率与零壹毁伤率是相同的，均表示命中一发便能毁伤目标。阶梯毁伤率的优点是体现了毁伤累积这一现象，前面命中的弹总会给目标造成一些损伤，从而使后面命中的弹更容易毁伤目标，即毁伤目标的可能性随着命中弹数的增加而提高。

阶梯毁伤率的缺点是很难通过试验确定 m，在试验中通常只能获得平均需多少弹头才能毁伤目标，而很难获得一个绝对准确的毁伤目标所需的命中弹数。

3) 指数毁伤率

假设命中目标的各弹没有损伤积累作用,从而各次命中后毁伤目标的事件是相互独立的,也即表示命中目标的各弹毁伤目标的概率是相等的。

设命中目标的各弹在目标的幅员内是均匀分布的,目标的相对易毁面积为 a,可知一发命中目标的弹毁伤目标的概率 P_1 即为该弹落入目标易毁面积内的概率,故

$$P_1 = a$$

当目标被命中 k 发时,其毁伤的概率为

$$P(k) = 1 - (1-a)^k, k = 0, 1, \cdots \tag{3-68}$$

设 $D(k)$ 表示命中目标 k 发弹,恰好在第 k 发弹命中并毁伤目标的概率,则有

$$\begin{aligned} D(k) &= [1 - P(k-1)] \cdot a \\ &= (1-a)^{k-1} a \end{aligned} \tag{3-69}$$

设 w 为毁伤目标所需的平均命中弹数,则

$$\begin{aligned} w &= \sum_{k=0}^{\infty} k \cdot D(k) \\ &= \sum_{k=0}^{\infty} k \cdot (1-a)^{k-1} \cdot a \\ &= \frac{1}{a} \end{aligned} \tag{3-70}$$

$$\begin{aligned} P(k) &= 1 - (1-a)^k \\ &= 1 - \left(1 - \frac{1}{w}\right)^k \\ &= 1 - e^{k\ln\left(1-\frac{1}{w}\right)} \\ &\approx 1 - e^{-k/w} \end{aligned} \tag{3-71}$$

$P(k)$ 为指数毁伤率。$w = 1$ 时,即为零壹毁伤率,命中一发即可毁伤目标。指数毁伤率与事实不太相符的地方在于假设无损伤积累,但在计算射击效率指标时非常方便。

(3) 打击用时

打击用时指射手从发现目标到将目标毁伤到一定等级所用时间。由发现目标或接收到打击命令的时刻、将目标毁伤到一定等级的时刻决定。不同毁伤等级的打击用时可分别进行统计计算,单位可用小时、分钟或秒表示。

(4) 弹种多样性

弹种多样性是指用于衡量自动步枪使用不同弹种打击不同目标的能力,用自动步枪可适用的弹种种类衡量,属枚举型。

(5) 耗弹量

耗弹量指将目标毁伤到一定等级所消耗的各种弹药的数量,可按毁伤等级分类统计。单位可取枚或发。

3.7.3 自动步枪适应能力

适应性是指当系统生存环境发生变化时,系统实体的结构或行为可以随之改变并满足新环境需要的特性。环境变化时产生适应性问题的根源,变化的不可预知性增大了适应性系统设计的困难。

自动步枪适应性主要是指自动步枪在使用过程中对人员、环境、战术的适应能力,包括3个一级指标,如图3-9所示。

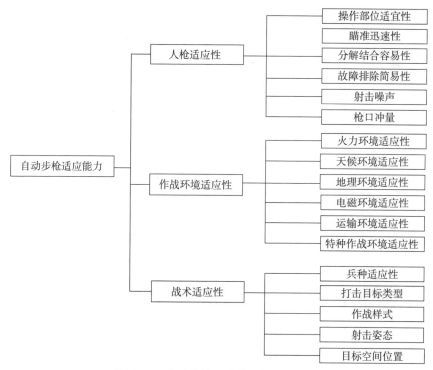

图3-9 自动步枪适应能力指标体系图

(1) 人枪适应性

自动步枪人枪适应性,也称人机工效,指对自动步枪操作人员的适应能力。一般要求自动步枪应尽量适于人员操作,如操作部位适宜、瞄准方便迅速、分解结合容易、排除故障简单、噪声低、后坐冲量小等。

操作部位适宜性用于表述自动步枪操作过程中操作部位对使用人员的影响

程度，可用适宜性的定性量化来描述，如优［80%，100%］、良［50%，80%）、中［20%，50%）、差［0，20%）。

瞄准迅速性用于表述自动步枪操作人员射击瞄准的迅速程度，可用迅速性的定性量化来描述，如优（非常迅速）［0.8，1.0］、良（比较迅速）［0.5，0.8）、中（中等迅速）［0.2，0.5）、差（不迅速）［0，0.2）。

分解结合容易性用于表述自动步枪操作人员在维修保养自动步枪过程中分解结合步枪的容易程度，可用分解结合容易性的定性量化来描述，如优［80%，100%］、良［50%，80%）、中［20%，50%）、差［0，20%）。

故障排除简易性用于表述自动步枪操作人员在故障排除过程中的简易程度，可用故障排除简易性的定性量化来描述，如非常简易［0.8，1.0］、比较简易［0.5，0.8）、简易度尚可［0.2，0.5）、不简易［0，0.2）。

射击噪声用于衡量枪械射击时产生噪声的激烈程度，主要由枪械各机构运动时撞击的机械噪声和弹头射击后膛口气流的噪声组成，膛口噪声是主要来源，属于脉冲噪声，持续作用时间达几百微秒。射击噪声对射手和附近人员都会造成一系列的生理及心理上的危害，可以分贝（dB）为单位衡量，步枪枪口的射击噪声一般有 120 dB，霰弹枪的枪口噪声可达 180～200 dB。

枪口冲量用于衡量枪械射击后枪口气流的大小。强大的气流从枪口喷出后造成的反作用力引起枪械振动进而直接影响枪械的射击精度。枪口冲量计算复杂，需要考虑枪械各机构在相互撞击等过程中物体间的作用力和作用时间，若考虑方向、大小等的变动，还要考虑矢量积分运算。可以考虑简化为相对的定性指标，如优（冲量小）［0.85，1.0］、良（冲量适中）［0.5，0.85）、中（冲量偏大）［0.2，0.5）、差（冲量大）［0，0.2）。

（2）作战环境适应性

作战环境适应性指自动步枪对各种天候、地理、电磁、火力、运输等环境的适应能力，具体指向不同作战环境下自动步枪的可用性、隐蔽性和防护性，包括火力环境适应性、天候环境适应性、地理环境适应性、电磁环境适应性、运输环境适应性和特种作战适应性。

火力环境适应性指火力环境下自动步枪能够正常操作，使步枪的作用得以正常发挥的适应能力，可用定性指标描述，如优［80%，100%］、良［50%，80%）、中［20%，50%）、差［0，20%）。

天候环境适应性：指自动步枪在风、云、雨、雪、雾、干、湿、雷达及季节、时令、日照、冷、热等气象环境下自动步枪能够正常操作，使步枪的作用得以正常发挥的适应能力，可用枚举的应用环境类型表示。

地理环境适应性指自动步枪在高原、山地、沙漠、水网田地、热带、寒带等水生、陆上地理环境下自动步枪能够正常操作，使步枪的作用得以正常发挥的适应能力，可用定性指标和枚举类型指标描述，定性指标如优［80%，100%］、良［50%，80%）、中［20%，50%）、差［0，20%），枚举类型即将主要地理环境列出，再列举适用的环境即可。

电磁环境适应性指自动步枪在预期电磁环境作用下实现其预定功能性能，能够正常操作并使其作用得以正常发挥的适应能力，可用定性指标描述，如优［80%，100%］、良［50%，80%）、中［20%，50%）、差［0，20%）。

运输环境适应性指自动步枪在预期的公路、铁路、航空、水运及管道等运输环境下实现完好运输的能力，可用运输完好率或者枚举适应的运输环境来表述。

特种作战环境适应性指自动步枪在高温高湿高盐海区环境、高温高湿丛林环境等特种作战环境下作战使用的适应能力，可用定性指标量化描述，如优［80%，100%］、良［50%，80%）、中［20%，50%）、差［0，20%）。当然，特种作战环境适应性与天候环境适应性、地理环境适应性等指标间有一定的耦合关系，不是完全独立的，如何界定它们之间的关联关系是需要考虑的问题。

（3）战术适应性

战术适应性指自动步枪在不同兵种不同战法不同打击目标等作战任务下适应的可能程度，包括兵种适应性和具体使用适应性。

兵种适应性指自动步枪在完成不同兵种作战任务时的适应能力，如机械化步兵、特种兵、侦察兵、空降兵、海军陆战队等，可用枚举变量表示。

使用适应性指自动步枪在各种战斗条件下适应的可能性，包括对地面或空中目标、进攻或防御等作战样式、不同射击姿态（跪姿、卧姿、立姿）、不同打击目标（人、车辆、动静目标）等各种具体战斗条件，可用枚举变量表示。

3.7.4 自动步枪生存能力

生存能力指自动步枪在敌我对抗打击下的生存情况，可用生存率衡量，包括运输生存率、储存生存率、战斗生存率，具体指标体系如图3-10所示。战斗生存率=对抗环境下自动步枪损失数量/准备的自动步枪总量，可用无量纲百分数表示；运输生存率=运输环境下自动步枪非战斗损失数量/参与运输的自动步枪总量；储存生存率=储存环境下自动步枪非战斗损失数量/存储的自动步枪总量。

决定生存能力的因素主要有自动步枪适应能力、隐蔽能力和机动能力。其

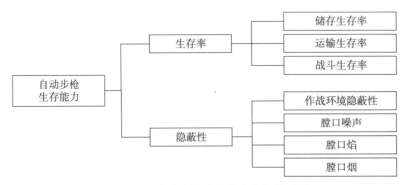

图3-10 自动步枪生存能力指标体系图

中隐蔽能力又与持枪人员、作战队伍在作战环境中的隐蔽性、自动步枪射击时的膛口噪声、膛口烟、膛口焰等密切相关;而弹药质量和作战人员的携弹重量等又都会影响机动能力。其中,隐蔽性可用定性指标来描述,如优[0.8,1]、良[0.55,0.8)、中[0.3,0.55)、差[0,0.3);膛口噪声、膛口烟、膛口焰等三个指标从隐蔽性角度考虑,也可用定性指标来描述,如隐蔽性优[0.9,1]、隐蔽性良[0.6,0.8)、隐蔽性中[0.25,0.6)、隐蔽性差[0,0.25)。

3.7.5 自动步枪可靠性

武器系统的可靠性主要描述武器在执行任务过程中可靠工作能力的大小。可靠性分析主要根据自动步枪的故障情况分析其可靠性,分析可靠性对于自动步枪系统效能的影响。

产品的可靠性是指产品在规定条件下和规定的时间内,完成规定功能的能力。这里的产品指可单独研究的任何元器件、设备和系统;规定条件是指包括运输、储存和使用时的环境条件和任务要求,对于自动步枪系统来说即是战场想定内容;规定的时间指特定时间段,因为随着时间的增长,产品的可靠性会下降,因此在不同的时间段内,产品的可靠性是不同的。规定功能指产品应具有的技术指标,即产品能正常工作时的技术指标。

一把步枪内包括闭锁机构、退壳机构、供弹机构、击发机构、发射机构和附件(包括膛口装置、导气装置、复进装置、缓冲装置、瞄准装置、保险机构、加速机构、减速机构、枪托、枪架),如果将每个小机构看成一个个体,那么步枪这个整体能够可靠工作的条件就是所有机构必须同时正常工作,闭锁、发射、击发、开锁、后坐、退壳、复进、供弹,有一个环节出现故障,都将导致步枪的使用无法达到要求。

据有关研究报告结论，轻武器在生产定型时的可靠性水平只能达到成熟期的 80%~90%。自动步枪在其全寿命期内出现的故障依次是卡弹、空膛、卡壳、不抽壳、零件损坏、复进不到位等，如机框后坐能量不足可引起空膛、卡壳、不抛壳、空仓不挂机等故障（约占故障枪的 90% 左右），因机框复进能量不足导致的复进不闭锁、卡弹等故障，尤其是空仓挂机后换上新弹匣，由于复进行程短而出现得尤为频繁。所有这些故障能够占到总故障数的百分之八十左右，这说明该类典型轻武器最常见的故障集中在少数几个故障上。按照可靠性研究理论，将一把步枪看成一个系统，则该系统的可靠性模型为串联模型。

可靠性串联系统的含义：设系统由几个部件组成，若几个部件中有一个部件失效或发生故障，则整个系统就失效或发生故障，这种系统就称为"串联"系统。根据"串联"系统的定义，整个系统的可靠度为各组成元件可靠度的乘积，其数学模型为

$$R_t = \prod_{i=1}^{n} R_i(t) = R_1(t) R_2(t) \cdots R_n(t) \tag{3-72}$$

其中，n 代表串联系统或部件的个数，$R_i(t)$ 代表第 i 个子系统或部件在某一时刻 t 的可靠度。

在武器系统战术技术指标要求中，除给出各主要单件的可靠性指标外，往往还给出整个分系统的可靠性指标。常用的单部件或单系统可靠性指标有三种形式，如图 3-11 所示。

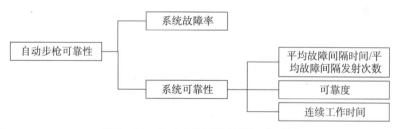

图 3-11　自动步枪可靠性指标体系图

（1）平均故障间隔时间（MTBF）/平均故障间隔发射次数是可修复产品可靠性的一种基本参数，度量方法为：在规定的条件下和规定的时间内，产品的寿命单位总数与故障总次数之比，单位可以是时间，也可以是次数，两者提法不同，含义一致，一个寿命单位用时间表示，一个寿命单位用发射次数表示。如果明确一次发射的时间长度，那么平均故障间隔时间可以换算为平均故障间隔发射次数，反之亦然。

(2) 可靠度 R 表示在规定的条件下和规定的时间内完成规定任务的概率。度量方法为：完成规定任务数/需要完成任务数。该指标首先要明确"一次工作"的含义，即任务剖面是什么，"一次工作"的内容不同，其可靠度相差很大。

(3) 连续工作时间表示步枪从可以使用开始，连续不间断地工作，直到出现第一个故障，不得不停止使用直至修复为止的时间长度。例如：某发射制导装置的可靠度要求为 0.98，同时要求其连续工作时间不小于 4 h。度量方法可采用装备首次出现故障并着手修复时间减去装备开始列装适应时间。

当然，由于自动步枪构成比较简单，其可靠性一般也可由故障率给出。

故障率，顾名思义是故障发生的概率，其度量方法可用综合寿命试验中主要故障类型故障次数比上累计射弹次数，故障率可用无量纲百分数表示，一般的产品验收规范要求故障率低于 2‰。

3.7.6　自动步枪维修保障能力

自动步枪维修保障能力指对自动步枪开展维修保障活动所具备的能力。维修保障活动是为保持、恢复军事装备完好的技术状态和改善提高装备性能，以便遂行作战、训练和其他任务而采取的技术性措施和组织实施的保障性活动的统称。轻武器装备的维修保障，是指轻武器从装备部队开始，直至报废或淘汰为止，为保持其良好的技术状况、延长其使用寿命而进行的技术保障、管理活动。轻武器的维修保障是保持和恢复其战术技术性能，提高其装配部队战斗力的重要因素，对保障部队作战和战备训练具有十分重要的意义。

维修性是指产品在规定的条件下和规定的维修时间内，按规定的程序和方法进行维修时，保持或恢复其规定状态的能力。产品的维修性是由产品设计决定的使其维修简便、迅速、经济的质量特性。维修性的维修包含修复性维修、预防性维修等内容。

自动步枪维修保障能力评估是结合自动步枪系统特点，对生成其维修保障能力的影响因素进行分析，采用定性或定量的方法对各因素重要程度进行对比研究。

自动步枪作为构成步兵战斗力的重要因素，具有口径小、系统重量轻、全天候作战能力强等特点。首先从执行者、执行方式、外部条件和管理保障的角度分析自动步枪的现实维修过程，将自动步枪装备维修保障能力的影响因素分解为 6 个一级指标，如图 3-12 所示，其中 4 个指标围绕平时维修保障展开，

2个指标突出战时维修保障能力，分别是在维修过程中起主体作用的自动步枪维修人员、维修过程中操作的各类自动步枪维修设备、故障维修时需要替换的自动步枪装备备件、保障维修作业开展的能力水平、战时弹药保障和修复能力；运用系统层级理论，从数量和质量、供应性和适应性、技术保证和制度保障等角度，将一级指标继续细化分解为二级指标。

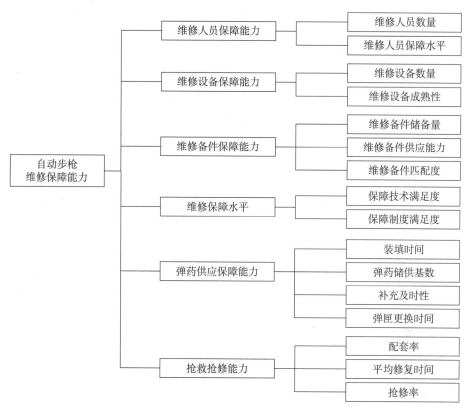

图3-12　自动步枪维修保障能力指标体系图

自动步枪战时保障能力指自动步枪在作战过程中为保持和恢复战斗能力而实施物资器材保障和抢救抢修的能力，由弹药保障能力、抢救抢修能力2个能力指标组成。

维修人员保障能力主要取决于人员的数量、人员的维修能力，而人员维修能力则主要通过人员专业技术水平、专业匹配程度、操作熟练程度等综合判断。轻武器维修难度相对低，较少涉及成组人员配合维修单一装备的情况，可忽略人员配合效率方面的影响。

维修设备保障能力主要取决于维修设备器材的数量、维修设备的成熟性，维修设备的成熟性指维修设备的现代化水平、操作难易程度和设备耐久性等等。

维修备件保障能力：在形成维修保障能力时主要取决于维修备件的储备量和维修备件的调配、补充、供应能力，由于轻武器对备件精度要求较高，专业性、针对性较强，所以还要综合考虑备件匹配性方面的影响。

保障能力水平主要取决于技术保障和制度保障。其中，技术保障是指技术资料的完备程度、适用性、相关信息的匹配程度等，而制度保障由保障方案制度的制定、执行和保障人力物力资源调配等共同决定。

战时，随着作战进展，自动步枪会出现弹药消耗增多、部分枪械出现故障或损坏等情况，需要消耗相关备品备件等物资器材。

弹药保障能力：随着作战进程发展，自动步枪会出现弹药消耗增多等情况，弹药保障能力可用弹药选填时间和弹药补充数量、弹匣更换时间等来表示。其中，弹药选填时间指完成弹药装填所需时间，可用完成弹药选填的时刻减去开始弹药选填时刻计算，量纲为分秒。弹药储供数量一般根据战中可以供应和补充的弹药数量来衡量，以基数为单位，基数是对单项装备规定的一个基数的物资数量或重量，标准由国家工业生产水平、部队携行能力、武器的战术技术性能和一般的消耗规律统一规定。如规定某 7.62 mm 半自动步枪的一个弹药基数量为 200 发枪弹，重量为 4.82 kg；一把冲锋枪的弹药基数是 300 发枪弹，重量为 7.23 kg。对于枪炮而言，一般以发数为基数计量单位。补充及时性指弹药补充供应的及时性，可用补充及时性的优、良、中、差来表示。弹匣更换时间指自动步枪完成一次弹匣更换所需消耗的平均时间，可用秒、分钟等作为计量单位。

抢救抢修能力指作战单元在作战过程中为保持和恢复战斗能力而实施物资器材保障和抢救抢修的能力，可用配套率、抢修率来表示，装备抢救抢修能力是持续作战能力的保证。其中，配套率可用能够补充的配件类别占比来衡量，即能够补充的配件类别比上需要补充的配件类别，用无量纲百分数表示，也可用比例数量表示。平均修复时间 MTTR 指自动步枪因故障等原因修复一次平均需要的时间，可用分钟或秒作单位。而抢修率指在限定的时间内，完成损伤自动步枪抢修的比例，即损伤自动步枪的抢修数量与本级所需抢修自动步枪数量之比，可用无量纲百分数表示。

3.7.7 自动步枪枪械寿命

自动步枪枪械寿命通常是指枪械能够有效发射多少数目的子弹直至完全无法发射的时间段，通常分为三种，即设计寿命、射击寿命和使用寿命。设计寿命是指在研制一种新枪时由使用方提出的寿命要求，主要依据作战要求、国内外同类枪械的水平及技术水平和经济实力来确定，具体依据枪支的材料和性能在最理想状态下所能发射的子弹数而确定，一般情况下能反映出这类枪械寿命的平均水平。一般来说，步枪的设计寿命要求达到 10 000～15 000 发，更有甚者要求达到 20 000～25 000 发。

射击寿命是指在自动步枪在寿命试验时枪的各项性能都能满足指标要求的最多射弹数，即该受试样枪所能达到的最高寿命水平。任何一种枪械在其新型枪的研制阶段，都要进行寿命试验，这是决定新型枪械研制工作成败的一项极其严格的考核，如果达不到要求，又不能修改指标，则必须重新研制。通常，射击寿命一般都要高于设计寿命 2～3 倍甚至更高。对于一般步枪，射击寿命基本在 10 000 发左右，而一些比较出色的步枪则会更多些，如美国的 M16 步枪其射击寿命可达 14 000 发，而 AK-47 则可高达 15 000 发以上。

使用寿命则是指在实战条件下不拘于射击方式的累计射弹数。该使用寿命不仅与作战训练条件有关，更与使用人员对枪的维护保养有关。在恶劣环境中或激烈战斗中使用，枪械的使用寿命就会比较短；而在同样的作战训练条件下，若得到精心保养，使用寿命则能够得到有效延长。

在这三个指标中，与实战应用息息相关的指标是使用寿命，最有效的评价指标也是使用寿命，虽然理论寿命较长，但实际使用中很难确定，主要由其最主要部件——枪管决定。自动步枪使用寿命指自动步枪的有效射击寿命，可用能够有效射击的弹头发数或连发战斗射速下的持续射击时间表示。如在保证枪械状态完好情况下某型自动步枪有 1.5 万发总寿命，或以 100～120 发/min 的连发战斗射速射击时，持续战斗时间为 120～150 min，即使用寿命为 2～2.5 h；现代手枪的使用寿命在 3 000～5 000 发左右，步枪的使用寿命大多在 10 000 发。而实际情况是一旦进入战场，环境变化、意外或故障、保养状况等都会使得步枪的使用寿命大打折扣。以美军 M16A2 为例，它在点射时实际使用寿命可达 30 000 发，而在连发射击时，其实际使用寿命只有约 7 000 发。

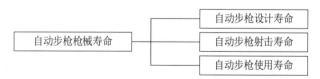

图 3-13　自动步枪枪械寿命指标体系图

3.8 自动步枪系统效能评估指标权重确定

3.8.1 基于层次分析法的权重确定

层次分析法（analytic hierarchy process，AHP），把一个复杂问题中的各种因素通过划分成互相联系的有序层次使之条理化，根据对一定客观现实的判断，就每一层次的相对重要性给予定量表示，利用数学方法确定表示每一层次的全部元素的相对重要性次序的数值，并通过排序结果分析和解决问题。

AHP 的基本思想是先按问题要求建立起一个描述系统功能或特征的内部独立的递阶层次结构；通过两两比较元素（或目标、准则、方案）的相对重要性，给出相应的比例标度，改造上层某要素对下层相关元素的判断矩阵，以给出相关元素对上层要素的相对重要序列。具体实施步骤如下。

第一步建立多层次指标体系。多层次指标体系为四层，包括目标层（顶层）、准则层（中间层）、方案层（底层）和指标层。目标层，即系统的效能评估目标；中间层包括了为实现目标所涉及的中间环节，它可以由若干个层次组成，包括所需考虑的准则、子准则，因此也称为准则层，它表示实现预定总目标所采取的各项准则或评价标准；准则层包括系统的主要组成部分。方案层包括每个组成部分的主要单元，表示为解决问题而选用的各种方案、措施等。指标层包括影响各个方案的主要指标。

第二步确定各层指标权重。建立指标体系后，根据层次间、指标间元素的相对重要性赋予相应的权重，权重确定分为几步：

（1）建立重要性标度

将两个元素之间的重要性关系分为 9 个层次，分别用 9 个模糊数标度表示。

（2）构造判断矩阵

从指标体系的目标层开始，逐层向下，分别对同层的各指标相对于上一层次中某一准则的重要性进行两两比较，从而形成全部比较的结果，构成正互反判断矩阵 A，假设某层有 n 个指标，则可得到模糊判断矩阵 $A_{n \times n}$。

（3）开展一致性检验

出于客观世界的复杂性和人们认识的多样性，利用给定的比例标度进行判断赋值，可能会出现不一致现象，但建立的矩阵是否可用的前提是，必须保持决策者思维过程的一致性，因此为了保证应用层次分析法分析得到的结论基本合理，必须检验构造的判断矩阵的一致性。

3.8.1.1 建立递阶层次结构

建立问题的递阶层次结构模型是 AHP 中最重要的一步。将问题所包含的要素按属性不同而分层,可以划分为最高层、中间层、最低层。同一层次元素作为准则,对下一层次的某些元素起支配作用,同时它又受上一层次元素的支配,这种从上至下的支配关系形成了一个递阶层次,如图 3-14 所示。

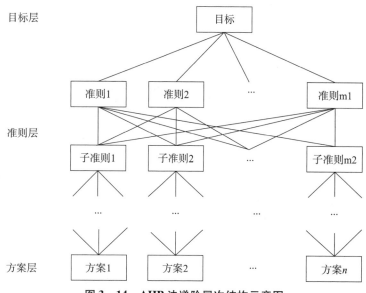

图 3-14 AHP 法递阶层次结构示意图

3.8.1.2 构造两两比较的判断矩阵

在建立递阶层次结构以后,上下层元素间的隶属关系就被确定了。假定以上一层次的元素 C 为准则,所支配的下一层次的元素为 $u_1, u_2, \cdots, u_n$,我们的目的是要按它们对于准则 C 的相对重要性赋予 $u_1, u_2, \cdots, u_n$ 以相应的权重。当 $u_1, u_2, \cdots, u_n$ 对于 C 的重要性可以直接定量表示时,它们相应的权重可以直接确定。但对于大多数问题,特别是比较复杂的问题,元素的权重不容易直接获得,这时就需要通过适当的方法导出它们的权重,AHP 所用的导出权重的方法就是两两比较的方法。

在构造两两比较矩阵时,决策者要反复地回答问题:针对准则 C,两个元素 u_i 和 u_j 哪一个更重要,重要程度如何?并按 1~9 的比例标度对重要性程度赋值。表 3-8 中列出了 1~9 标度的含义。这样对于准则 C,n 个被比较元素通过两两比较构成一个判断矩阵

$$A = (a_{ij})_{n \times n}$$

其中 a_{ij} 就是元素 u_i 与 u_j 相对于准则 C 的重要性的比例标度。

表 3-8　1~9 比例标度的含义

标度	含义
1	表示两个元素相比，具有相同重要性
3	表示两个元素相比，前者比后者稍重要
5	表示两个元素相比，前者比后者明显重要
7	表示两个元素相比，前者比后者强烈重要
9	表示两个元素相比，前者比后者极端重要
2, 4, 6, 8	表示上述相邻判断的中间值
倒数	若元素 i 与元素 j 的重要性之比为 a_{ij}，那么元素 j 与元素 i 的重要性之比为 $a_{ji} = \dfrac{1}{a_{ij}}$

具体使用时，可根据构建的效能评估指标体系及简易表格法，邀请业内相关专家对各级评估指标进行赋分，通过两两比较构建判断矩阵。

3.8.1.3　单一准则下元素相对排序权重计算

3.8.1.3.1　一级指标权重计算

这一步要根据 n 个元素 $u_1, u_2, \cdots, u_n$ 对于准则 C 的判断矩阵 $\boldsymbol{A}_{n \times n}$ 求出它们对于准则 C 的相对排序权重 $w_1, w_2, \cdots, w_n$。相对权重写成向量形式，即 $\boldsymbol{W} = (w_1, w_2, \cdots, w_n)^{\mathrm{T}}$。判断矩阵的特征向量（即判断矩阵中各元素权值）和最大特征根，以及特征向量的一致性检验等可采用相对简单的计算方法，如和积法。下面以和积法求解山地作战环境下自动步枪系统效能评估一级指标的权重排序为例，具体计算步骤如下所示：

（1）对矩阵 $\boldsymbol{A}_{n \times n}(n = 7)$ 按列归一化，可得

$$\overline{a_{ij}} = \frac{a_{ij}}{\sum_{k=1}^{n} a_{kj}} \quad i, j, k = 1, 2, \cdots, n \tag{3-73}$$

计算得到归一矩阵

$$\overline{\boldsymbol{A}} = (\overline{a_{ij}})_{n \times n}$$

（2）按行相加

$$\overline{w}_i = \sum_{j=1}^{n} \overline{a_{ij}} \quad i = 1, 2, \cdots, n \tag{3-74}$$

从而有

$$\bar{W} = [\bar{w}_1, \bar{w}_2, \cdots, \bar{w}_n]^T$$

(3) 对上述向量再进行归一化处理,得

$$w_i = \frac{\bar{w}_i}{\sum_{k=1}^{n} \bar{w}_k} \quad i = 1, 2, \cdots, n \qquad (3-75)$$

得到排序权重向量

$$W = [w_1, w_2, \cdots, w_n]^T$$

(4) 计算最大特征根的近似值

$$\lambda_{\max} = \frac{1}{n} \sum_{i=1}^{n} \frac{(AW)_i}{w_i} \quad i = 1, 2, \cdots, n \qquad (3-76)$$

(5) 计算一致性指标(其中 n 为判断矩阵的介数)

$$CI = \frac{|\lambda_{\max} - n|}{n - 1} \qquad (3-77)$$

(6) 根据查表获得的平均随机一致性指标 RI 计算一致性比例 CR

$$CR = \frac{CI}{RI} \qquad (3-78)$$

RI 查表可得。

当 $CR < 0.1$ 时,认为判断矩阵的一致性是可以接受的,否则应对判断矩阵进行修正。

3.8.1.3.2 其他层级指标权重计算

在构建完准则层对目标层的判断矩阵后,利用同种方法可分别得到子准则层对准则层、子子准则层对子准则层的判断矩阵。通过对判断矩阵的归一化处理,计算出组内各因素相对权重。

3.8.1.4 判断矩阵的一致性检验

在判断矩阵的构造中,并不要求判断具有传递性和一致性,这是由客观事物的复杂性与人的认识的多样性所决定的。因此需要对判断矩阵的一致性进行检验。

进行一致性检验的基础步骤如下所示,具体以山地和城市作战环境下的一级指标判断矩阵 $A = (a_{ij})_{n \times n} (n = 7)$ 为例。

(1) 计算判断矩阵最大特征根的近似值

$$\lambda_{\max} = \frac{1}{n} \sum_{i=1}^{n} \frac{(AW)_i}{w_i} \quad i = 1, 2, \cdots, n$$

(2) 计算一致性指标

$$CI = \frac{|\lambda_{\max} - n|}{n - 1}$$

其中，n 为判断矩阵的阶数。

（3）根据查表（表3-3）获得的平均随机一致性指标 RI 计算一致性比例 CR

$$CR = \frac{CI}{RI}$$

当 $n = 7$ 时，查表可得 $RI = 1.32$。

当 $CR < 0.1$ 时，认为判断矩阵的一致性是可以接受的，各一级指标判断权值通过一致性检验；否则应对判断矩阵进行修正。

3.8.1.5　计算各层元素对目标层的总排序权重

最终要得到各元素，特别是最低层中各方案对于目标的排序权重，即所谓总排序权重，从而进行方案选择。总排序权重要自上而下地将单一准则下的权重进行合成，对每一层元素而言，要在单排序基础上进一步计算出对更上一层次的排序权值。

$$w_i^{(k)} = \sum_{j=1}^{n_{k-1}} p_{ij}^{(k)} w_j^{(k-1)} \quad i = 1,2,\cdots,n \tag{3-79}$$

其中，k 代表自上而下的层级，$w_i^{(k)}$ 为各层级元素权重，$p_{ij}^{(k)}$ 各层级多元素的相对权值。

3.8.2　基于层次分析法的自动步枪系统效能权重确定

3.8.2.1　两两比较的判断矩阵构造

根据自动步枪系统效能评估指标体系及简易表格法，邀请业内相关专家对各级评估指标进行两类打分，获得针对山地作战环境、城市作战环境两套方案的打分情况分别如表3-9，表3-10所示。

表3-9　自动步枪效能评估一级指标（山地）

（山地环境）	最重要	相邻中值	很重要	相邻中值	比较重要	相邻中值	稍重要	相邻中值	不重要
等级	一	二	三	四	五	六	七	八	九
机动能力 A			√						
火力打击能力 B	√								
适应能力 C			√						
生存能力 D					√				
可靠性 E		√							
维修保障能力 F							√		
自动步枪寿命 G						√			

表 3–10 自动步枪效能评估一级指标（城市）

（城市环境）	最重要	相邻中值	很重要	相邻中值	比较重要	相邻中值	稍重要	相邻中值	不重要
等级	一	二	三	四	五	六	七	八	九
机动能力 A			√						
火力打击能力 B	√								
适应能力 C			√						
生存能力 D					√				
可靠性 E		√							
维修保障能力 F							√		
自动步枪寿命 G					√				

构建的关于山地作战环境的指标权重正互反判断矩阵如下所示：

$$A_{山地} = \begin{pmatrix} 1 & 7/9 & 7/7 & 7/6 & 7/8 & 7/4 & 7/5 \\ 9/7 & 1 & 9/7 & 9/6 & 9/8 & 9/4 & 9/5 \\ 7/7 & 7/9 & 1 & 7/6 & 7/8 & 7/4 & 7/5 \\ 6/7 & 6/9 & 6/7 & 1 & 6/8 & 6/4 & 6/5 \\ 8/7 & 8/9 & 8/7 & 8/6 & 1 & 8/4 & 8/5 \\ 4/7 & 4/9 & 4/7 & 4/6 & 4/8 & 1 & 4/5 \\ 5/7 & 5/9 & 5/7 & 5/6 & 5/8 & 5/4 & 1 \end{pmatrix}$$

为便于计算，简化后得

$$A_{山地} = \begin{pmatrix} 1 & 0.7778 & 1 & 1.1667 & 0.875 & 1.75 & 1.4 \\ 1.2857 & 1 & 1.2857 & 1.5 & 1.125 & 2.25 & 1.8 \\ 1 & 0.7778 & 1 & 1.1667 & 0.875 & 1.75 & 1.4 \\ 0.8571 & 0.6667 & 0.8571 & 1 & 0.75 & 1.5 & 1.2 \\ 1.1429 & 0.8889 & 1.1429 & 1.3333 & 1 & 2 & 1.6 \\ 0.5714 & 0.4444 & 0.5714 & 0.6667 & 0.5 & 1 & 0.8 \\ 0.7143 & 0.5556 & 0.7143 & 0.8333 & 0.625 & 1.25 & 1 \end{pmatrix}$$

构建的关于城市作战环境的指标权重判断矩阵如下所示：

$$A_{城市} = \begin{pmatrix} 1 & 7/9 & 7/7 & 7/5 & 7/8 & 7/4 & 7/5 \\ 9/7 & 1 & 9/7 & 9/5 & 9/8 & 9/4 & 9/5 \\ 7/7 & 7/9 & 1 & 7/5 & 7/8 & 7/4 & 7/5 \\ 6/7 & 6/9 & 6/7 & 1 & 6/8 & 6/4 & 6/5 \\ 8/7 & 8/9 & 8/7 & 8/5 & 1 & 8/4 & 8/5 \\ 4/7 & 4/9 & 4/7 & 4/5 & 4/8 & 1 & 4/5 \\ 5/7 & 5/9 & 5/7 & 5/5 & 5/8 & 5/4 & 1 \end{pmatrix}$$

为便于计算，简化后得

$$A_{城市} = \begin{pmatrix} 1 & 0.777\,8 & 1 & 1.4 & 0.875 & 1.75 & 1.4 \\ 1.285\,7 & 1 & 1.285\,7 & 1.8 & 1.125 & 2.25 & 1.8 \\ 1 & 0.777\,8 & 1 & 1.4 & 0.875 & 1.75 & 1.4 \\ 0.857\,1 & 0.666\,7 & 0.857\,1 & 1 & 0.75 & 1.5 & 1.2 \\ 1.142\,9 & 0.888\,9 & 1.142\,9 & 1.6 & 1 & 2 & 1.6 \\ 0.571\,4 & 0.444\,4 & 0.571\,4 & 0.8 & 0.5 & 1 & 0.8 \\ 0.714\,3 & 0.555\,6 & 0.714\,3 & 1 & 0.625 & 1.25 & 1 \end{pmatrix}$$

3.8.2.2 单一准则下元素相对排序权重计算

3.8.2.2.1 一级指标权重计算

（1）对矩阵 $A_{n \times n}(n = 7)$ 按列归一化，得

$$\overline{a_{ij}} = \frac{a_{ij}}{\sum_{k=1}^{n} a_{kj}} \quad i, j, k = 1, 2, \cdots, n$$

计算得到归一矩阵

$$\overline{A}_{山地} =$$

$$\begin{pmatrix} 0.152\,175 & 0.152\,176 & 0.152\,175 & 0.152\,178 & 0.152\,174 & 0.152\,173\,913 & 0.152\,174 \\ 0.195\,651 & 0.195\,649 & 0.195\,651 & 0.195\,651 & 0.195\,652 & 0.195\,652\,174 & 0.195\,652 \\ 0.152\,175 & 0.152\,176 & 0.152\,175 & 0.152\,178 & 0.152\,174 & 0.152\,173\,913 & 0.152\,174 \\ 0.130\,429 & 0.130\,439 & 0.130\,429 & 0.130\,434 & 0.130\,435 & 0.130\,434\,783 & 0.130\,435 \\ 0.173\,92 & 0.173\,912 & 0.173\,92 & 0.173\,908 & 0.173\,913 & 0.173\,913\,043 & 0.173\,913 \\ 0.086\,953 & 0.086\,946 & 0.086\,953 & 0.086\,96 & 0.086\,957 & 0.086\,956\,522 & 0.086\,957 \\ 0.108\,698 & 0.108\,702 & 0.108\,698 & 0.108\,691 & 0.108\,696 & 0.108\,695\,652 & 0.108\,696 \end{pmatrix}$$

（2）计算各元素排序权重向量

可得

$W_{山地} =$
$[0.152\,175, 0.195\,651, 0.152\,175, 0.130\,434, 0.173\,914, 0.086\,954, 0.108\,697]^T$

$W_{城市} =$
$[0.152\,657, 0.196\,272, 0.152\,657, 0.127\,673, 0.174\,467, 0.087\,23, 0.109\,042]^T$

（3）计算最大特征根的近似值

$$\lambda_{\max} = \frac{1}{n}\sum_{i=1}^{n}\frac{(AW)_i}{w_i} \quad i = 1, 2, \cdots, n$$

可得

$$\lambda_{\max(山地)} = 7.000\,005$$
$$\lambda_{\max(城市)} = 7.167\,784$$

（4）计算一致性指标

$$CI = \frac{|\lambda_{\max} - n|}{n-1}$$

有

$$CI_{山地} \approx 0$$
$$CI_{城市} = 0.027\,964$$

（5）根据查表获得的平均随机一致性指标 RI 计算一致性比例 CR。当 $n = 7$ 时，查表 3-3 可得 $RI = 1.32$，通过计算可得

$$CR_{山地} = 0 < 0.1$$
$$CR_{城市} = 0.021\,184\,876 < 0.1$$

均满足 $CR < 0.1$ 时，各一级指标判断权值通过一致性检验。认为判断矩阵的一致性可以接受，否则应对判断矩阵进行修正。

3.8.2.2.2 其他层级指标权重计算

利用同种方法可分别得到子准则层对准则层、子子准则层对子准则层的判断矩阵。根据专家意见建议构造各二级指标两两比较判断矩阵及各二级指标对应三级指标的两两比较判断矩阵，通过对判断矩阵的归一化处理，计算出组内各因素相对权重。具体如下：

（1）机动能力两两判断矩阵及权重

$$A_{机动能力4\times4} = \begin{bmatrix} 1 & 1 & 7/9 & 7/6 \\ 1 & 1 & 7/9 & 7/6 \\ 9/7 & 9/7 & 1 & 9/6 \\ 6/7 & 6/7 & 6/9 & 1 \end{bmatrix}$$

机动能力影响因素权重如表 3-11 所示。其 $\lambda_{\max} = 4.000\,011$，判断矩阵一致性比例为 0。

表3-11 机动能力影响因素权重

机动能力 A	行战转换能力 A_1	机动速度 A_2	机动便携性 A_3	机动效率 A_4	W_i
行战转换能力 $A1$	1.0	1.0	0.777 8	1.166 7	0.241 4
机动速度 $A2$	1.0	1.0	0.777 8	1.166 7	0.241 4
机动便携性 $A3$	1.285 7	1.285 7	1.0	1.5	0.310 3
机动效率 $A4$	0.857 1	0.857 1	0.666 7	1.0	0.206 9

即有

$$W_{A机动能力} = [0.241\ 4, 0.241\ 4, 0.310\ 3, 0.206\ 9]^T$$

(2) 火力能力两两判断矩阵及权重

构建火力能力两两判断矩阵

$$B_{火力能力3\times3} = \begin{bmatrix} 1 & 1 & 7/8 \\ 1 & 1 & 7/8 \\ 8/7 & 8/7 & 1 \end{bmatrix}$$

获得的火力能力影响因素权重如表3-12所示。其 $\lambda_{max} = 3.002$，判断矩阵一致性比例为0，各二级指标判断权值通过一致性检验。

表3-12 火力能力影响因素权重

火力能力 B	目标发现能力 B_1	命中目标能力 B_2	毁伤目标能力 B_3	W_i
目标发现能力 $B1$	1.0	1.0	0.875	0.318 2
命中目标能力 $B2$	1.0	1.0	0.875	0.318 2
毁伤目标能力 $B3$	1.142 86	1.142 86	1.0	0.363 6

即有

$$W_{B火力能力} = [0.318\ 2, 0.318\ 2, 0.363\ 6]^T$$

(3) 适应能力两两判断矩阵及权重

构建如下适应能力两两判断矩阵。

$$C_{适应能力3\times3} = \begin{bmatrix} 1 & 1 & 8/6 \\ 1 & 1 & 8/6 \\ 6/8 & 6/8 & 1 \end{bmatrix}$$

获得的适应能力影响因素权重如表3-13所示。其 $\lambda_{max} = 2.999\ 983$，判断矩阵一致性比例为0。

表 3–13　适应能力影响因素权重

适应能力 C	人员适应性 C_1	作战环境适应性 C_2	战术适应性 C_3	W_i
人员适应性 C_1	1.0	1.0	1.333 3	0.363 64
作战环境适应性 C_2	1.0	1.0	1.333 3	0.363 64
战术适应性 C_3	0.75	0.75	1.0	0.272 73

即有

$$W_{C\text{适应能力}} = [0.363\ 6, 0.363\ 6, 0.272\ 8]^{\text{T}}$$

(4) 生存能力两两判断矩阵及权重

构建生存能力两两判断矩阵

$$D_{\text{生存能力}2\times2} = \begin{bmatrix} 1 & 8/7 \\ 7/8 & 1 \end{bmatrix}$$

获得的生存能力影响因素权重如表 3–14 所示。其 $\lambda_{\max} = 2.000\ 019$，判断矩阵一致性比例为 0。

表 3–14　生存能力影响因素权重

生存能力 D	生存率 D_1	隐蔽性 D_2	W_i
生存率 D_1	1.0	1.142 9	0.533 3
隐蔽性 D_2	0.875	1.0	0.466 7

即

$$W_{D\text{生存能力}} = [0.533\ 3, 0.466\ 7]^{\text{T}}$$

(5) 系统维修保障能力两两判断矩阵及权重

系统可靠性的各下级指标权重均相等。

系统维修保障能力各二级指标，经专家讨论后，认为可以作战使用时可暂不考虑维修人员、维修设备及抢救抢修能力的影响，仅突出维修备件、维修保障水平和弹药保障能力 3 个指标即可。由此获得的保障能力判断矩阵如下：

$$F_{\text{维修保障能力}3\times3} = \begin{bmatrix} 1 & 6/7 & 6/8 \\ 7/6 & 1 & 7/8 \\ 8/6 & 8/7 & 1 \end{bmatrix}$$

从而获得的维修保障能力影响因素权重如表 3–15 所示。其 $\lambda_{\max} = 2.999\ 997$，判断矩阵一致性比例为 0。

表 3-15　维修保障能力影响因素权重

维修保障能力 F	维修备件保障能力 F_1	维修保障水平 F_2	弹药保障能力 F_3	W_i
维修备件保障能力 $F1$	1.0	0.857 1	0.75	0.285 7
维修保障水平 $F2$	1.166 7	1.0	0.875	0.333 3
弹药保障能力 $F3$	1.333 3	1.142 9	1.0	0.381 0

即有

$$W_{F维修保障能力} = [0.285\ 7, 0.333\ 3, 0.381\ 0]^T$$

（6）典型三级指标两两判断矩阵及权重示例

1）机动便携性三级指标两两判断矩阵及权重

$$A_{3机动便携性5\times5} = \begin{bmatrix} 1 & 5/8 & 5/8 & 5/6 & 5/7 \\ 8/5 & 1 & 1 & 8/6 & 8/7 \\ 8/5 & 1 & 1 & 8/6 & 8/7 \\ 6/5 & 6/8 & 6/8 & 1 & 6/7 \\ 7/5 & 7/8 & 7/8 & 7/6 & 1 \end{bmatrix}$$

获得的机动便携性影响因素权重如表 3-16 所示。

表 3-16　机动便携性影响因素权重

机动便携性 A_3	枪长度适用性 A_{31}	枪重量适用性 A_{32}	人枪适应性 A_{33}	携弹方式 A_{34}	携弹重量 A_{35}	W_i
枪长度适用性 $A31$	1.0	0.625	0.625	0.833 3	0.714 3	0.147 1
枪重量适用性 $A32$	1.6	1.0	1.0	1.333 3	1.142 9	0.235 3
人枪适应性 $A33$	1.6	1.0	1.0	1.333 3	1.142 9	0.235 3
携弹方式 $A34$	1.2	0.75	0.75	1.0	0.857 1	0.176 4
携弹重量 $A35$	1.4	0.875	0.875	1.166 7	1.0	0.205 9

其 $\lambda_{max} = 4.999\ 997$，判断矩阵一致性比例为 0，各三级指标判断权值通过一致性检验。即有

$$W_{A3机动便携性} = [0.147\ 1, 0.235\ 3, 0.235\ 3, 0.176\ 4, 0.205\ 9]^T$$

2）火力毁伤能力三级指标两两判断矩阵及权重

$$B_{3毁伤能力5\times5} = \begin{bmatrix} 1 & 9/7 & 9/5 & 9/5 & 9/7 \\ 7/9 & 1 & 7/5 & 7/5 & 1 \\ 5/9 & 5/7 & 1 & 1 & 5/7 \\ 5/9 & 5/7 & 1 & 1 & 5/7 \\ 7/9 & 1 & 7/5 & 7/5 & 1 \end{bmatrix}$$

获得的火力毁伤能力影响因素权重如表3-17所示。

表3-17 火力毁伤能力影响因素权重

火力毁伤能力 B_3	有效杀伤距离 B_{31}	毁伤概率 B_{32}	打击用时 B_{33}	弹种多样性 B_{34}	耗弹量 B_{35}	W_i
有效杀伤距离 B_{31}	1.0	1.285 7	1.8	1.8	1.285 7	0.272 8
毁伤概率 B_{32}	0.777 8	1.0	1.4	1.4	1.0	0.212 1
打击用时 B_{33}	0.555 6	0.714 3	1.0	1.0	0.714 3	0.151 5
弹种多样性 B_{34}	0.555 6	0.714 3	1.0	1.0	0.714 3	0.151 5
耗弹量 B_{35}	0.777 8	1.0	1.4	1.4	1.0	0.212 1

其 $\lambda_{\max} = 5.000\ 055$,判断矩阵一致性比例为0,各三级指标判断权值通过一致性检验。即

$$W_{B3\text{火力毁伤能力}} = [0.272\ 8, 0.212\ 1, 0.151\ 5, 0.151\ 5, 0.212\ 1]^{\mathrm{T}}$$

3)环境适应性三级指标两两判断矩阵及权重

$$C_{2\text{环境适应性}5\times5} = \begin{bmatrix} 1 & 1 & 1 & 2 & 8/6 \\ 1 & 1 & 1 & 2 & 8/6 \\ 1 & 1 & 1 & 2 & 8/6 \\ 4/8 & 4/8 & 4/8 & 1 & 4/6 \\ 6/8 & 6/8 & 6/8 & 6/4 & 1 \end{bmatrix}$$

获得的环境适应性影响因素权重如表3-18所示。

表3-18 环境适应性影响因素权重

环境适应性 C_2	火力环境适应性 C_{21}	天候环境适应性 C_{22}	地理环境适应性 C_{23}	电磁环境适应性 C_{24}	运输环境适应性 C_{25}	W_i
火力环境适应性 C_{21}	1.0	1.0	1.0	2.0	1.333 3	0.235 3
天候环境适应性 C_{22}	1.0	1.0	1.0	2.0	1.333 3	0.235 3
地理环境适应性 C_{23}	1.0	1.0	1.0	2.0	1.333 3	0.235 3
电磁环境适应性 C_{24}	0.5	0.5	0.5	1.0	0.666 7	0.117 6
运输环境适应性 C_{25}	0.75	0.75	0.75	1.5	1.0	0.176 5

其 $\lambda_{\max} = 4.999\ 995$,判断矩阵一致性比例为0,各三级指标判断权值通过一致性检验。即可得 $W_{C2\text{环境适应性}} = [0.235\ 3, 0.235\ 3, 0.235\ 3, 0.117\ 6, 0.176\ 5]^{\mathrm{T}}$。

4)隐蔽性三级指标两两判断矩阵及权重

$$D_{2\text{隐蔽性}4\times 4} = \begin{bmatrix} 1 & 7/6 & 1 & 7/6 \\ 6/7 & 1 & 6/7 & 1 \\ 1 & 7/6 & 1 & 7/6 \\ 6/7 & 1 & 6/7 & 1 \end{bmatrix}$$

可得

$$W_{D2\text{隐蔽性}} = [0.2692, 0.2308, 0.2692, 0.2308]^T$$

且其 $\lambda_{\max} = 3.999979$，判断矩阵一致性比例为 0，各三级指标判断权值通过一致性检验。

5）备件保障能力三级指标两两判断矩阵及权重

$$F_{3\text{备件保障能力}3\times 3} = \begin{bmatrix} 1 & 6/7 & 6/8 \\ 7/6 & 1 & 7/8 \\ 8/6 & 8/7 & 1 \end{bmatrix}$$

可得

$$W_{F3\text{备件保障能力}} = [0.2857, 0.3333, 0.3810]^T$$

且其 $\lambda_{\max} = 2.999997$，判断矩阵一致性比例为 0，各三级指标判断权值通过一致性检验。

3.8.2.3 计算各层元素对目标层的总排序权重

以机动能力三级指标强重量便携性 A_{32} 为例，其综合权重在指标体系中的总排序为

$$\begin{aligned} W_{A_{32}\text{总}} &= W_A * W_{A3} * W_{A32} \\ &\approx 0.1527 * 0.3103 * 0.2352 \\ &\approx 0.0111 \end{aligned}$$

在指标体系多层级且末级指标较多时，每一个指标的权重影响显得较小，特别是本身相对不那么重要的指标。

3.9 自动步枪系统效能评估指标聚合模型

根据自动步枪的系统效能评估指标体系，可知系统效能由机动能力、综合火力、适应能力、生存能力、可靠性、维修保障能力、使用寿命等七个方面构成，主要根据武器装备性能数据、训练试验数据等通过幂指数法构建其评估模型。此处主要以步枪的系统效能及其综合火力能力为例说明，其他各层级能力指标均可用此方法聚合。

(1) 自动步枪系统效能评估模型

$$\begin{cases} S = w_A \times A + w_B \times B + w_C \times C + w_D \times D + w_E \times E + w_F \times F + w_G \times G \\ A = \dfrac{A_i}{A_0} \\ B = \dfrac{B_i}{B_0} \\ C = \dfrac{C_i}{C_0} \\ D = \dfrac{D_i}{D_0} \\ E = \dfrac{E_i}{E_0} \\ F = \dfrac{F_i}{F_0} \\ G = \dfrac{G_i}{G_0} \\ w_A + w_B + w_C + w_D + w_E + w_F + w_G = 1 \end{cases}$$

(3 – 80)

自动步枪效能可采用加权求和的方式综合以上七个因素，建立计算模型。式中，S 代表步枪系统效能，A、B、C、D、E、F、G 分别代表步枪的机动能力、综合火力、适应能力、生存能力、可靠性、维修保障能力、使用寿命，A_0、B_0、C_0、D_0、E_0、F_0、G_0 表示参考型号自动步枪的以上各能力参数，A_i、B_i、C_i、D_i、E_i、F_i、G_i 分别表示某新型步枪的以上各参数，w_A、w_B、w_C、w_D、w_E、w_F、w_G 分别代表步枪的机动能力、综合火力、适应能力、生存能力、可靠性、维修保障能力、使用寿命对于步枪系统效能所占权值。以综合火力能力为例分析其评估模型的聚合过程，其他各能力评估模型聚合过程类似。

(2) 综合火力评估模型

综合火力的影响因素由自动步枪的目标发现能力、命中目标能力和毁伤目标能力等因素共同决定，而这些能力又由观瞄设备类别与性能、直射距离、战斗射速、命中概率、毁伤能力、射击效率等多方面因素综合影响决定，可采用加权和的方法建立综合火力能力计算模型。

$$\begin{cases} B = w_{B_1} \times B_1 + w_{B_2} \times B_2 + w_{B_3} \times B_3 \\ B_1 = \dfrac{B_{1i}}{B_{10}} \\ B_2 = \dfrac{B_{2i}}{B_{20}} \\ B_3 = \dfrac{B_{3i}}{B_{30}} \\ w_{B_1} + w_{B_2} + w_{B_3} = 1 \end{cases} \quad (3-81)$$

式中 B、B_1、B_2、B_3 分别代表综合火力能力、目标发现能力、命中目标能力、毁伤目标能力等指数值，B_{10}、B_{20}、B_{30} 分别表示参考型号自动步枪以上各指数的参数值，B_{1i}、B_{2i}、B_{3i} 分别表示某新型步枪的以上各能力指数，w_{B_1}、w_{B_2}、w_{B_3} 分别表示目标发现能力、命中目标能力、毁伤目标能力等能力指数对于步枪综合火力能力的排序权值。

其他各项能力的聚合评估模型构造类似，基于不同的评估角度，主要基于加权和的方法，当然也可以基于加权积、幂指数以及其他非线性优化模型进行聚合。同样的指标体系和样本数据，不同的权重设定，不同的评估方法和聚合模型可能得到不同的评估排序结果。

第 4 章

自动步枪系统效能评估方法

4.1 概　　述

系统效能评估方法是对系统效能的综合水平进行评价和估量的基本手段和基本方法的统称，包括定性评估方法，定量评估方法以及定性和定量相结合的综合评估方法。

系统效能评估有多种分类方法，按评估的主客观程度和得出评估结果的基本途径进行分类。

（1）按评估的主客观程度，分为主观评估法、客观评估法和定性定量相结合评估法。主观评估法包括专家评估法、德尔菲法、层次分析法等；客观评估法包括加权分析法、理想点法、主成分分析法、因子分析法等；定性定量相结合评估法包括模糊综合评判法、灰色关联分析法、聚类分析法、ADC 方法、SEA 方法等。

（2）按得出评估结果的基本途径，可分为统计法、解析法和仿真法。统计法应用数理统计方法，依据大量实战、演习、试验等统计资料计算效能指标；解析法根据描述效能指标与给定条件之间的解析函数关系式计算效能指标；仿真法在给定条件下，通过构建仿真系统、开展仿真试验来获取数据计算效能指标。

（3）根据评估过程分类

根据评估过程，系统效能评估方法可以分为：静态评估方法和动态评估方法。静态评估方法的基本思想是：系统自身效能是系统性能和数量的函数，一般与环境无关，可通过一定的变换，从武器装备的性能得到其体系的静态效能。静态方法的典型思路之一是先建立结构方程模型，通过模型演算开展效能评估，典型案例如构建以体系作战能力指数为变量的战役兰彻斯特方程模型，用于研究不同系统方案案例；另一种思路是采用数学规划方法。静态评估的优点是输入变量较少，计算简洁。不足是不能很好地反映出作战过程中各装备间的相互关系,以及装备与环境的交互关系。动态评估方法的思想:通过对作战过程中体系内部及外部的相互关系描述,能够体现变化过程和一定的对抗性与动态性,使效能评估更接近实际。仿真模拟是常用的动态评估方法。动态评估方法的优点是更直观、更真实、更有说服力。缺点是在实现应用上比较复杂,由于人工智能和软件技术还不够完善,还不能很好地支撑仿真模拟方法的全方位应用。

(4)根据评估时机分类

根据评估时机分类,评定武器系统作战效能的方法可归纳为实验法和预测法。

所谓实验法,是在规定的作战现场中或精确模拟的作战环境中,观察武器系统的性能特征,收集数据,运用系统效能模型,得到系统效能值。预测法以数学模型为基础,分析人员在规定的约束条件下预测系统性能,并把所得结果输入到数学模型中,最后得到系统效能值。预测法不要求以系统的存在为前提。实验法能给出可靠的数据,但给出数据的时间太迟,不能满足预测要求。最重要的是预测法,尽管它给出的数据缺少事实根据,因为在武器系统投入使用之前的许多年,武器研制单位和使用单位就需要去预测和评定它的系统效能,从而决定取舍。

4.2 常用系统效能评估算法

4.2.1 加权和法

4.2.1.1 基本方法

加权和法是在实际应用最常被采用的评估方法,也是最被理解的方法。这个方法的实质是赋予每个指标权重后,对每个方案求各个指标的加权和。

计算加权和的主要公式

$$y_i = \sum_{j=1}^{n} w_j x_{ij} \tag{4-1}$$

式中,y_j 为评估方案的加权综合价值值;x_{ij} 为第 i 个评估方案的第 j 个归一化后的指标值;w_j 为表示第 j 个指标的权重。

加权和的评估优选准则为

$$y^* = \max_i y_i \tag{4-2}$$

y^* 对应的方案即为评估最优方案。

4.2.1.2 特点和适用范围

加权和法具有以下特性:

(1) 各个评估指标间相互独立,此时各评估指标对评估结果的贡献彼此没有什么影响。由于"合成"运算采用"和"的方式,其现实关系应是"部分之和等于总体",若各评估指标间不独立,"和"的结果必然是信息的重复,也就难以反映客观实际。

(2) 各指标的价值函数是可加型函数,指标间的价值是完全可以互补偿的,即某些指标值的下降,可以由另一些指标值的上升来补偿,任一指标值的增加都会导致综合评估值的上升。任一指标值的减少都可以用另一指标值的相应增量来维持综合评估水平的不变。

(3) 加权和法中权重系数的作用比在其他"合成"法中更明显些,且突出了指标值或权重较大者的作用。

(4) 指标体系为树形结构,即每个下级指标只与一个上级指标相关联。

(5) 加权和法在权重系数预先给定时(由于各指标值之间可以线性地补偿)对区分各备选方案之间的差异不敏感。

(6) 加权和法对无量纲的指标数据没有什么特定的要求。

(7) 加权和法容易计算,便于推广普及。

对于加权和来说,指标值大的指标,对评估结果的作用是很大的,即具有很强的"互补性",具有"一俊遮百丑"或"一见钟情"的突出特征。

如果评估主体或决策者长期使用加权和法对所属部门的被评估对象进行评估,将会诱导被评估对象"走捷径"、"想奇招",设法保持评估结果值的不变甚至增加,进而导致系统(或被评估对象)的"畸形"发展。

4.2.2 加权积法

4.2.2.1 基本方法

加权积法是在赋予每个指标权重后,对每个方案求各个指标的加权积。

主要算法:

$$y_i = \prod_{j=1}^{n} x_{ij}^{w_j} \tag{4-3}$$

式中,y_i 为评估方案的加权综合价值值;x_{ij} 为第 i 个评估方案的第 j 个归一化后的指标值;w_j 为表示第 j 个指标的权重。

4.2.2.2 特点和适用范围

加权积法具有以下特征:

(1) 加权积法适用于各指标间有较强关联的场合。

(2) 加权积法强调的是各备选方案（无量纲）指标值大小的一致性。即这种方法突出评估值中较小者的作用，这是由乘积运算的性质决定的。

(3) 在加权积法中，指标权重的作用不如加权和那样明显。

(4) 加权积法对指标值变动的反应比加权和更敏感，因此加权积法更有助于体现备选方案之间的差异。

(5) 加权积法对指标值的具体数据要求较高，即要求无量纲指标均大于或等于1。

(6) 与加权和法相比，加权积法在计算上要复杂些。

对加权积法来说，指标值越小的指标，给综合评估结果"拖后腿"的作用也越大。"木桶原理"恰如其分地给出这种评估方法的一个直观解释，即假定一只水桶是由多个满足一定长度的长短不同的木板组成，那么它的容量取决于长度最短的那块木板。因为当液体平面超过最短的那块木板的高度时，液体就会溢出。因此，若增大木桶的容量，首先必须加高长度最短的那块木板。也就是说，在评估指标中，只要有一个指标值非常小，那么总体评估值将迅速地接近于零。换言之，这种评估模型对取值较小的评估指标的反应是灵敏的，而对取值比较大的评估指标的反应是迟钝的。因此，这是一个具有"不求有功，但求无过"或"一丑遮百俊"特征的评估模型。

但从另一方面来说，如果评估主体或决策者经常应用加权积法，将有力地促使系统（即被评估对象）全面协调发展。

加权积法特点概括如下：适用于各个指标间关联关系较强的事物；对于指标值的变动、特别是值较小指标的变动反应更为敏感，比加权和法更为敏感；评估的结果主要体现各个项目之间的均衡性；指标值只能是正值，不能是零或者负值。

4.2.3 ADC 方法

4.2.3.1 基本方法

作战的变化对武器装备或系统的功能及可靠性提出了更高的要求。为进行有效评估这个问题，美空军于 1963 年 9 月成立了专门的工业界装备系统效能咨询委员会 WSEIAC 来研究这个问题，并向管理部门提出建议。

ADC 法就是该委员会评估装备系统用的模型或方法，它的目的在于根据有效性（availability，战备状态）、可依赖性（dependability，即可靠性）和固有能力（capacity）三大要素评估装备系统，把这三大要素组合成一个表示装备系统总性能的单一效能量度。

该咨询委员会对 ADC 法的解释为：无论在什么时间只要需要使用某个系

统，它首先应处于能正常工作的准备状态。而且，假若知道系统是有效的，那就需要它在执行任务过程中能可靠地工作。最后，系统还必须能够有效地完成预定的任务。因此，用有效性（战备状态）向量 $\boldsymbol{A}$ 表示系统在开始执行任务时的可能状态的指标；用可信赖性（可靠性）矩阵 $\boldsymbol{D}$ 描述系统在执行任务过程中的一个或多个时间内所处状态（随机状态）的指标；在已知系统有效性与可信赖性的条件下，用能力（性能）向量 $\boldsymbol{C}$ 或矩阵表征系统完成规定任务能力（或结果）的指标，那么系统效能就可以表示为这三项的乘积：

$$\boldsymbol{E} = \boldsymbol{A} * \boldsymbol{D} * \boldsymbol{C} \tag{4-4}$$

该咨询委员会对有关术语定义：

（1）系统效能

系统效能是预计系统满足一组特定任务要求之程度的量度，是有效性、可依赖性和能力的函数。

系统效能向量可以写成

$$\boldsymbol{E} = [e_1, e_2, \cdots, e_k, \cdots, e_n], 1 \leq k \leq n$$

其中，e_k 代表第 k 个效能指标或品质因数，共 n 个。其中的任何一个元素 e_k 为

$$e_k = \sum_{i=1}^{n} \sum_{j=1}^{n} a_i d_{ij} c_{jk} \tag{4-5}$$

其中，a_i 为在开始执行任务时系统处在 i 状态中的概率；d_{ij} 为已知系统在 i 状态中开始执行任务该系统在执行任务过程中处于 j 有效状态的概率；c_{jk} 为已知系统在执行任务过程中处于 j 有效状态中该系统的第 k 个效能指标或品质因素。

（2）有效性

有效性是在开始执行任务时系统状态的量度，是装备、人员、程序三者之间的函数。与装备系统可靠性、维修性、维修管理水平、维修人员数量及其水平、器材供应水平等因素有关。有效性向量 $\boldsymbol{A}$ 是一个行向量。

$$\boldsymbol{A} = [a_1, a_2, \cdots, a_i, \cdots, a_n], 1 \leq i \leq n$$

式中，a_i 为系统在开始执行任务时系统处于状态 i 的概率。由于在开始执行任务时，系统只能处于 n 个可能状态中的一个状态中，故行向量的全部概率值之和一定等于 1，即存在

$$\sum_{i=1}^{n} a_i = 1$$

在实际应用中，$\boldsymbol{A}$ 可能是一个多元向量。假定系统只有两个状态，即有效

工作状态和故障状态或维修状态，此时有效度向量 A 就只有两个元素 a_1 和 a_2，此时有

$$A = [a_1, a_2]$$

式中，a_1 为系统某一时刻处于有效工作状态的概率；a_2 为系统某一时刻处于故障状态或维修状态的概率。

一般来说，在已知系统的平均无故障工作时间、平均修理时间的条件下，该系统的处于正常工作状态的概率可表示为

$$a_1 = \frac{\text{MTBF}}{\text{MTBF} + \text{MTTR}} \qquad (4-6)$$

系统处于修理状态的概率可表示为

$$a_2 = \frac{\text{MTTR}}{\text{MTBF} + \text{MTTR}} \qquad (4-7)$$

其中，MTBF 代表系统的平均无故障间隔时间；MTTR 代表系统的平均修理时间。

(3) 可信赖性

可信赖性是在已知开始执行任务时系统状态的情况下，在执行任务过程中的某一个或某几个时刻系统状态的量度，可以表示为系统在完成某项特定任务时将进入和（或）处于它的任一有效状态，且完成与这些状态有关的各项任务的概率，也可以表示为其他适当的任务量度。

可信赖性直接取决于装备系统的可靠性和使用过程中的修复性，也与人员素质、指挥因素有关。

$$D = (d_{ij})_{n \times n} = \begin{bmatrix} d_{11} & \cdots & d_{1n} \\ \vdots & \vdots & \vdots \\ d_{n1} & \cdots & d_{nn} \end{bmatrix}$$

且满足

$$\sum_{j=1}^{n} d_{ij} = 1, i = 1, 2, \cdots, n$$

其中，d_{ij} 为已知系统在开始执行任务时系统处于状态 i，则该系统在执行任务过程中系统处于状态 j 的概率。当系统输出不连续时，则 d_{ij} 可理解为已知系统在状态 i 中开始执行任务，当有输出时该系统处于状态 j 的概率。

当完成任务的时间相当短，即瞬间发生，则可以证明可信赖矩阵为单位阵，即 $D = I_n$，系统效能公式简化为：

$$E = A * C \qquad (4-8)$$

(4) 能力

能力是在已知执行任务期间的系统状态的情况下，系统完成任务能力的量度。更确切地说，能力是系统各种性能的集中表现。建立 ADC 效能模型的最后一步是建立能力矩阵或能力向量。

能力向量如下：

$$C = (c_{jk})_{n \times m}$$

其中，c_{jk}——在系统的有效状态 j 条件下，第 k 个系统性能或品质因数之值。

4.2.3.2 特点和使用范围

ADC 方法是建立在对目标系统进行系统分析基础之上的效能分析方法，特别是有效性、可靠性的分析，评估可通过对系统的组成、边界以及任务目标等等系统属性的建模分析来获得。系统固有能力的获得相对比较困难，不仅与系统本身有关，也与评价的目标和任务有很大关系，计算方法多种多样。

该方法的主要特点：

(1) 该评估方法易于理解与表达，概念清晰，适用范围广。

(2) 评估模型给出了一种评估系统效能的基本框架，容易扩展使用，可添加环境、人为因素等影响因子。

(3) 把系统效能表示为系统有效性、可靠性和固有能力的相关函数，该评估算法考虑了装备结构和战技术性能之间的相关性，强调了装备的整体性；但算法中未能很好地反映装备系统各组成要素间的复杂关联关系及其对系统效能的影响。

(4) 能力矩阵的确定是一个关键点和难点，直接决定评估结果的准确性。

该评估方法在武器装备系统效能评估中具有相当广泛的适用性，通过算法扩展，可适用于大部分系统。但主要用于评估系统的单项效能，当系统较为复杂或涉及体系较庞杂时，单一算法往往难以完成评估任务，需与其他方法配合使用。

4.2.4 理想点法

4.2.4.1 理想点法的基本方法

理想点法（ideal point method）是根据有限个评价对象与理想化目标的接近程度进行排序的方法，是在现有的对象中进行相对优劣的评价，是一种多属性决策排序方法。理想化目标包括最优目标和最劣目标，通过建立在接近理想方案、选择最佳技术方案的原理上，即最后评判结果应是与理想方案距离最近,而与最差方案距离最远。以理想化的最优、最劣基点,权衡其他可行方案对二者的距离,以此排序,进行分析、评估。一般步骤如下:

(1) 建立多指标评估矩阵

设一个多指标评估问题有 n 个待优选方案,记为 $A = \{a_1, a_2, \cdots, a_n\}$;$m$ 个评估方案优劣的指标集,记为 $C = \{c_1, c_2, \cdots, c_m\}$;评估矩阵记为 $X_{n \times m}$(n 个待评价对象,m 个评价指标)。

(2) 无量纲化评估矩阵

由于指标集中可能含有不同类型不同量纲的标准,必须对指标集进行规范化处理并消除量纲。比较各指标值,消除不同指标间的不可公度性的影响,便于分析评估,作如下变换:

①若 c_j 是效益型指标,即指标数值越大,对于评估结果越有利的指标,如作战问题研究中的蓝方毁伤数。设方案 a_i 关于指标 c_j 的评价值为 y_{ij},则无量纲化过程有

$$z_{ij} = \frac{y_{ij}}{\max\{y_{ij} \mid 1 \leq i \leq n, 1 \leq j \leq m\}} \qquad (4-9)$$

②若 c_j 是成本型指标,即指标数值越大,对于评估结果越有害的指标,如作战问题研究中的红方毁伤数等,则令

$$z_{ij} = \frac{\min\{y_{ij} \mid 1 \leq i \leq n, 1 \leq j \leq m\}}{y_{ij}} \qquad (4-10)$$

③若 c_j 是适中型指标,评估者最满意的值为 $a_j^\#$,如作战展开地幅,则令

$$z_{ij} = \frac{\max\{|y_{ij} - a_j^\#| \mid 1 \leq i \leq n\} - |y_{ij} - a_j^\#|}{\max\{|y_{ij} - a_j^\#| \mid 1 \leq i \leq n\} - \min\{|y_{ij} - a_j^\#| \mid 1 \leq i \leq n\}}$$

$$(4-11)$$

(3) 加权单位化矩阵

将各指标值化为无量纲的量后,标准化单位化各元素:

$$r_{ij} = z_{ij} \Big/ \sqrt{\sum_{i=1}^{n} z_{ij}^2} \qquad (4-12)$$

由专家调查法或 AHP(层次分析法)得到各项指标的归一化权重向量为 $W = (w_1, w_2, \cdots, w_m)$,其中 $w_j (1 \leq j \leq m)$ 为第 j 个属性的权重。对于加权评估矩阵 X,其各元素 x_{ij} 为

$$x_{ij} = (r_{ij} w_j), 1 \leq i \leq n, 1 \leq j \leq m \qquad (4-13)$$

(4) 确定参考的正理想点和负理想点

根据指标的具体属性取各指标的最大值或最小值构成正理想点、负理想点，即

$$x_j^+ = \{(\max_i x_{ij} \mid j \in J), (\min_i x_{ij} \mid j \in J') \mid i \in N\} \quad (4-14)$$

$$x_j^- = \{(\min_i x_{ij} \mid j \in J), (\max_i x_{ij} \mid j \in J') \mid i \in N\} \quad (4-15)$$

上式中，J 是效益型属性的下标集，J' 是成本型属性的下标集。$J \cup J' = \{1, 2, \cdots, m\}$，$N = \{1, 2, \cdots, n\}$。

(5) 计算各方案与正理想点和负理想点的欧几里得距离

定义到正理想点的距离

$$L_i = \sqrt{\sum_{j=1}^{m}(x_{ij} - x_j^+)^2} \, i \in N \quad (4-16)$$

到负理想点的距离

$$D_i = \sqrt{\sum_{j=1}^{m}(x_{ij} - x_j^-)^2} \, i \in N \quad (4-17)$$

分别称方案 $A_i(i = 1, 2, \cdots, n)$ 对理想方案 A^+ 和负理想方案 A^- 的贴近度。

(6) 确定评估系数

评估系数，也称相对贴近度指数，通过计算相对接近度来做出判断，即最终通过评估装备运用方案与理想方案的接近程度来评估作战方案的优劣。

评估系数 C_i 定义如下：

$$C_i = D_i/(L_i + D_i) \quad (4-18)$$

显然，存在 $0 \leq C_i \leq 1(i = 1, 2, \cdots, n)$。

当 $A_i = A^+$，$C_i = 1$；当 $A_i = A^-$，$C_i = 0$；C_i 越接近 1，A_i 越接近 A^+。对于特定作战方案最后定量的评估，以及各个作战方案的优劣顺序，由 C_i 的大小确定。

4.2.4.2 理想点法的特点和使用范围

理想点法以理想值和负理想值作为各个方案排序的标准，符合通常人们认识事物的规律和方法。理想点法优点是接近于线性加权法，简单实用，客观性较好，适合于评估者对评估指标没有明显偏好的评估体系，对数据分布类型及样本含量、指标或属性的多少无限制。排序结果充分利用原始数据信息，能定量反映不同评价单元评价方案的优劣程度。能消除不同量纲带来的影响。

理想点法缺点是只能反映各评价对象内部的相对接近度，并不能反映与理想的最优方案的相对接近程度；诸多方案排序时参考的是一个相对贴近度的全序，方案间的真实优劣情况不能完全得到体现；灵敏度不高。由于人为设定理

想值大小,不会出现无穷值的现象,但可能出现某一方案值大于理想值或小于负理想值的现象,这需要对最后的结果酌情处理。

4.2.5 模糊综合评判法

模糊综合评判法就是以模糊数学为基础,应用模糊关系合成的原理,根据给出的评价标准和实测值,经过模糊变换,按模糊准则对备选方案进行综合评判。再根据综合评判结果对各备选方案进行比较排序,选出最好方案的一种方法。在考虑多种因素影响下,运用模糊数学工具对事物做出综合评价。可对评价对象按综合分值的大小进行评价和排序,还可根据模糊评价集上的值按最大隶属度原则去评定对象所属的等级。

4.2.5.1 模糊综合评判法的基本方法

模糊综合评判法主要思想:首先确定一组评价等级集合,如｛优,良,中,差｝等,然后通过多个专家打分,获取所有评价指标的评价矩阵;再将所有指标的评价值利用一组设定的隶属函数将这些评价值转化为隶属度、隶属度权重;最终生成相应隶属度权重矩阵,然后通过引入指标权重向量,经过模糊变换运算最终得到一个具体的评估结果。

模糊综合评判方法包括如下基本步骤:

(1) 确定因素集

建立评估指标体系,并映射为相应的模糊综合评估因素集。设确定的评估因素集为 $U = \{u_1, u_2, \cdots, u_m\}$,因素集中包含了刻画被评价对象的 m 种因素,m 为评估因素的数量,即评估最基础指标的数量。因素就是对象的各种属性或性能,在不同场合,也称为参数指标或质量指标,它们能综合地反映出对象的质量。

(2) 建立模糊评判集以及相应得分

典型的模糊评判集一般有 $V_1 = \{$优,良,中,差$\}$ 和 $V_2 = \{$好,较好,一般,较差,差$\}$ 等评价等级集合。评估用户可以根据需要选择一种评判集,或设计新的评判集。在确定了评判集之后,需要确定每个评判等级的具体得分情况,为后续模糊综合做准备,设确定的评判得分集合为 $V = \{v_1, v_2, \cdots, v_n\}$,即每一个因素可处状态的 n 种决断。

(3) 确定底层指标的隶属函数

所谓底层指标的隶属度,就是底层指标的无量纲的 0~1 的评估值,如0.90。确定底层指标的隶属度,就是实现评估基础指标值的无量纲转化。一般采用两种方法,一是对所有底层指标采用统一的隶属度确定方法,如专家方法;二是对所有底层指标区分指标的类型,定性指标采用专家方法确定隶属度。定量指标采用统一的隶属度函数确定隶属度,这是一种专家方法与函数方法相结合的隶属度确定方法,对于指标数量和类型较多的复杂评估问题,该方法比较常用。

隶属函数用于计算各评价值隶属于某评价等级的程度。

常用的确定隶属度的专家方法,即是由专家打分后,求平均值即可。

常用的确定隶属度的定量方法有如下两种:

1) 期望值方法

假定第 j 个因素的值为 $x_j(j=1,2,\cdots,m)$,与此对应的各待选方案或各待选系统对应的因素的值分别为 $x_{j1},x_{j2},\cdots,x_{jn}$,其中 n 为方案数,取 $f_j = \max\{x_{j1},x_{j2},\cdots,x_{jn}\}$,$g_j = \min\{x_{j1},x_{j2},\cdots,x_{jn}\}$,则该因素的隶属度值 $R(j)$ 可按以下方法进行标准化:

① 若 x_j 值越大,评估输出越高,对应指标为效应型,则隶属度为

$$R(j) = \begin{cases} (x_j - g_j)/(f_j - g_j), & f_j \neq g_j \\ 1, & f_j = g_j \end{cases} \quad (4-19)$$

② 若 x_j 值越大,评估输出越低,对应指标为成本型,则隶属度为

$$R(j) = \begin{cases} (f_j - x_j)/(f_j - g_j), & f_j \neq g_j \\ 1, & f_j = g_j \end{cases} \quad (4-20)$$

2) 满意度方法

将评估对象相对于理想对象的匹配程度或满意程度,定义为该评估对象的满意度,即隶属度 $R(j)$。例如,对要求取值越大越好的指标,即效应型指标,则隶属度为

$$R(j) = \begin{cases} 1, & x_j \geq M_j \\ (x_j - m_j)/(M_j - m_j), & m_j < x_j < M_j \\ 0, & x_j \leq m_j \end{cases} \quad (4-21)$$

式中,x_j 为指标初始评估值;M_j 为理想最大值;m_j 为理想最小值。

类似地可处理成本型指标。对适中型指标,则隶属度为

$$R(j) = \begin{cases} 2 \times (x_j - m_j)/(M_j - m_j), & m_j \leq x_j \leq (M_j + m_j)/2 \\ 2 \times (M_j - x_j)/(M_j - m_j), & (M_j + m_j)/2 \leq x_j \leq M_j \\ 0, & x_j > M_j \text{ 或 } x_j < m_j \end{cases}$$

$$(4-22)$$

设第 i 个因素 u_i 的单因素评估集为 $r_i = (r_{i1},r_{i2},r_{i3},\cdots,r_{in})$,其中 r_i 由上面系列求取隶属度 $R(j)$ 的方法确定。

由 m 个因素的评估集就可以构造出一个总的评估矩阵 **R**,即模糊关系矩阵

或隶属矩阵 R

$$R = \begin{bmatrix} r_{11} & r_{12} & \cdots & r_{1n} \\ r_{21} & r_{22} & \cdots & r_{2n} \\ \cdots & \cdots & \cdots & \cdots \\ r_{m1} & r_{m2} & \cdots & r_{mn} \end{bmatrix}$$

(4) 基于 AHP 的指标加权

在模糊综合评判过程中,指标权重的确定直接影响到综合评判的结果。权向量反映被评估指标的各因素相对于评估指标的重要程度。模糊综合评判方法可采用直接分配或层次分析法确定各评估指标对应于上一层指标的重要性权值,采用层次分析法时具体过程如下:

1) 针对评估指标体系选用一种 AHP 打分方法,对同层因素两两比较量化,形成判断矩阵 $(a_{ij})_{n \times n}$;

2) 进行层次排序及其一致性检验。判断矩阵 $(a_{ij})_{n \times n}$ 的最大特征值所对应的特征向量,经归一化后得到同一层各因素对应于上一层某个因素的相对重要性权值。由于判断矩阵是根据人们的主观判断得到的,不可避免地带有估计误差,因此要进行排序的一致性检验。

3) 由判断矩阵计算被比较因素对于某个准则的相对权重,并计算各层因素对系统目标的相对权重,最后得到各因素对于总目标的相对权重向量 $A = (a_1, a_2, \cdots a_m)$,$a_i (i = 1, 2, \cdots, m)$ 为各因素对步枪系统效能的影响的权系数。

(5) 综合评判

在隶属矩阵 R 与因素集权向量 A 求出之后,即可求综合评估向量 S,其综合评判模型为

$$S = A \circ R \tag{4-23}$$

记 $S = (s_1, s_2, \cdots, s_n)$,它是 V 上的一个模糊子集,其中 "∘" 为模糊合成算子,通常有四种算子:$M(\wedge, \vee)$ 算子,$M(\cdot, \vee)$ 算子,$M(\wedge, \oplus)$ 算子,$M(\cdot, \oplus)$ 算子。如果评判结果 $\sum_{i=1}^{n} S_i \neq 1$,就对其结果进行归一化处理。

在综合评判模型中,"∘" 为模糊合成算子。进行模糊变换时要选择适宜的模糊合成算子。

1) $M(\wedge, \vee)$ 算子

$$S_k = \bigvee_{j=1}^{m} (\mu_j \wedge r_{jk}) = \max_{1 \leq j \leq m} \{\min(\mu_j, r_{jk})\}, \quad k = 1, 2, \cdots, n \tag{4-24}$$

符号"∧"为取小,"∨"为取大。

2) $M(\cdot,\vee)$ 算子

$$S_k = \bigvee_{j=1}^{m}(\mu_j \cdot r_{jk}) = \max_{1 \leq j \leq m}\{\mu_j \cdot r_{jk}\}, \quad k=1,2,\cdots,n \quad (4-25)$$

3) $M(\wedge,\oplus)$ 算子,"$\oplus$"是有界和运算,即在有界限制下的普通加法运算。对 t 个实数 $x_1,x_2,\cdots,x_t$,有 $x_1 \oplus x_2 \oplus \cdots \oplus x_t = \min\left\{1,\sum_{i=1}^{t}x_i\right\}$。利用 $M(\wedge,\oplus)$ 算子,则有

$$S_k = \min\left\{1,\sum_{j=1}^{m}\min(\mu_j,r_{jk})\right\}, \quad k=1,2,\cdots,n \quad (4-26)$$

4) $M(\cdot,\oplus)$ 算子

$$S_k = \min\left(1,\sum_{j=1}^{m}\mu_j r_{jk}\right), \quad k=1,2,\cdots,n \quad (4-27)$$

以上四个算子在综合评估中的特点总结如表 4-1 所示。

表 4-1 典型模糊合成算子特点

特点	算子			
	$M(\wedge,\vee)$	$M(\cdot,\vee)$	$M(\wedge,\oplus)$	$M(\cdot,\oplus)$
体现权数作用	不明显	明显	不明显	明显
综合程度	弱	弱	强	强
利用 R 的信息	不充分	不充分	比较充分	充分
类型	主因素突出型	主因素突出型	加权平均型	加权平均型

$M(\wedge,\vee)$ 和 $M(\cdot,\vee)$ 在运算中能突出对综合评判起作用的主要因素,在确定 A 时不一定要求其分量之和为 1,即不一定是权向量,故为主因素突出型。

$M(\wedge,\oplus)$ 和 $M(\cdot,\oplus)$ 在运算时兼顾了各因素的作用,A 为名副其实的权向量,应满足各分量之和为 1,故为加权平均型。

最后通过对模糊评判向量 S 的分析作出综合结论。一般可以采用以下三种方法:

(1) 最大隶属原则

模糊评判集 $S=(s_1,s_2,\cdots,s_n)$ 中 s_i 为等级 v_i 对模糊评判集 S 的隶属度,按最大隶属度原则作出综合结论,即

$$M = \max(s_1,s_2,\cdots,s_n) \quad (4-28)$$

M 所对应的元素为综合评估结果。该方法虽简单易行,但只考虑隶属度最

大的点,其他点没有考虑,损失的信息较多。

(2) 加权平均原则

加权平均原则是基于这样的思想:将等级看作一种相对位置,使其连续化。为了能定量处理,不妨用"$1,2,\cdots,n$"依次表示各等级,并称其为各等级的秩。然后用 S 中对应分量将各等级的秩加权求和,得到被评事物的相对位置。这就是加权平均原则,可表示为

$$u^* = \frac{\sum_{i=1}^{n} \mu(v_i) \cdot s_i^k}{\sum_{i=1}^{n} s_i^k} \quad (4-29)$$

其中 k 为待定系数 ($k=1$ 或 $k=2$),目的是控制较大的 s_i 所起的作用。可以证明,当 $k \to \infty$ 时,加权平均原则就是最大隶属原则。

(3) 模糊向量单值化

如果给等级赋予分值,然后用 S 中对应的隶属度将分值加权平均就可以得到一个点值,便于比较排序。

设给 n 个等级依次赋予分值 $c_1, c_2, \cdots, c_n$,一般情况下(等级由高到低或由好到差),$c_1 > c_2 > \cdots > c_n$,且间距相等,则模糊向量可单值化为

$$c = \frac{\sum_{i=1}^{n} c_i \cdot s_i^k}{\sum_{i=1}^{n} s_i^k} \quad (4-30)$$

其中 k 的含义与作用同式 (4-29) 中的 k 相同。多个被评事物可以依据式 (4-30) 式由大到小排出次序。

以上三种方法可以依据评估目的来选用,如果需要序化,可选用后两种方法,如果只需给出某事物一个总体评估结论,则用第一种方法。

4.2.5.2 模糊综合评判法特点和适用范围

模糊综合评判法是利用模糊理论进行评估的一种方法,将一些边界不清、不易定量的因素定量化。不仅可对评估对象按综合分值的大小进行评估和排序,而且还可根据模糊评估集上的值按最大隶属原则去评定对象所属的等级。这就克服了传统数学方法结果单一性的缺陷,结果中包含的信息丰富。这种方法简易可行,很好地解决了判断的模糊性和不确定性问题。

优点:数学模型简单,容易掌握,对因素、多层次的复杂问题评判比较好,是别的数学分支和模型难以代替的方法。

不足之处:它并不能解决评估指标间相关造成的评估信息重复问题,隶属函数的确定还没有系统的方法,而且合成的算法也有待进一步探讨。其评

估过程大量运用了人的主观判断,由于各因素权重的确定带有一定的主观性,因此,总的来说,模糊综合评判是一种基于主观信息的综合评估方法。

4.2.6 灰色关联分析法

4.2.6.1 灰色关联分析法的基本方法

灰色关联分析法是灰色系统理论的重要成果之一,是目前应用最广泛、成果最多的灰色分析方法之一。邓聚龙教授指出,灰色关联分析是对发展态势的量化比较分析,是对几何曲线间几何形状的分析比较,即几何形状越接近,则发展变化态势越接近,关联度越大。灰色关联分析的目的就是通过一定的数据处理方法,寻求系统中各因素间相互制约、相互依赖的关系,找出影响系统目标的主要因素,从而掌握事物的主要特征,抓住主要矛盾,促进与引导系统迅速、健康、高效地向前发展。

灰色关联分析法实质上是一种多因素统计分析方法,以各因素的样本数据为依据,用灰色关联度来描述因素间关系的强弱、大小和次序,主要是分析各个组成因素与整体的关联大小,其操作的对象是离散的数据状态变量,如各因素的时序数据。而对于多指标综合评估对象可以把比较序列看成由被评事物的各项指标值构成的序列,参考序列是一个理想的比较标准,受到距离评估方法的启示,选最优指标数据和最劣指标作为参考数列,比较各作战方案与最优和最劣方案的关联程度,来评估各个方案相互之间的优劣。一般步骤如下。

① 确定评估指标体系,其中待评估的方案集,记为 $A = \{a_1, a_2, \cdots, a_m\}$;评估方案优劣的指标集,记为 $C = \{c_1, c_2, \cdots, c_n\}$。

② 确定得到原始评估矩阵 Y。

③ 数据的标准化处理。由于各种指标其量纲不一样,为了消除不同指标间的不可公度性的影响,保证指标间相同因素的可比性,对原始数据分别用以下两式之一进行无量纲标准化处理,即

$$X_{ij} = \frac{\left[y_{ij} - \min_{1 \leq j \leq m} y_{ij}\right]}{\left[\max_{1 \leq j \leq m} y_{ij} - \min_{1 \leq j \leq m} y_{ij}\right]}, 1 \leq i \leq n, 1 \leq j \leq m \quad (4-31)$$

$$X_{ij} = \frac{\left[\max_{1 \leq j \leq m} y_{ij} - y_{ij}\right]}{\left[\max_{1 \leq j \leq m} y_{ij} - \min_{1 \leq j \leq m} y_{ij}\right]}, 1 \leq i \leq n, 1 \leq j \leq m \quad (4-32)$$

其中,j 为方案号,i 为性能指标号,式(4-31)适用于值越大效用越好的因素属性,如敌方毁伤数等;式(4-32)适用于值越小效用越好的因素属性,

如红方毁伤数等。无量纲化处理方法除上述规格化方法外,还有初值化、最大值化、最小值化、平移化、均值化等方法,此处不再一一赘述。所有因素进行无量纲化处理得到评估矩阵 X。

④灰色关联系数计算。对于参考数列 X_0,比较参考数据序列和比较数据数列,令 $R = |X_{0j} - X_{ij}|$,有下面式子:

$$\zeta_{ij}^0 = \frac{\min\limits_{i}\min\limits_{j}R + u \cdot \max\limits_{i}\max\limits_{j}R}{R + u \cdot \max\limits_{i}\max\limits_{j}R} \quad (4-33)$$

式中,ζ_{ij}^0 表现为 X_{ij} 与 X_0 的相对差值,即为关联系数。u 为分辨系数,为了减弱最大值过大对关联系数失真的影响,扩大关联系数的差异显著性,提高关联度的分辨效果。$u > 0$,取值区间为 (0,1),具体取值要根据具体情况进行分析确定。经证明:一般情况下,u 应大于0.4,通常应在0.5~1之间取值。实际应用时人为给定,通常取 $u = 0.5$。

⑤求关联度。由于关联系数是比较某一个指标的数据序列每个时刻与参考数据序列在各个对应时刻的关联程度值,所以数量较多,即关联度系数有很多,信息分散,它的每一个值代表某一个指标两个数列的关联程度,不便于进行整体性比较。为表现总体上两个数列的关联程度,对某个指标的所有关联系数取平均值:

$$r_i = \frac{1}{m}\sum_{j=1}^{m}\zeta_{ij}^0 \quad (4-34)$$

r_i 是对 X_0 的关联度,称为绝对值关联度。因素间的关联程度,可用关联度的大小次序描述,形成关联序,而不仅是关联度的大小。经灰色关联度分析获取的关联度和关联序,可用于特定作战方案最后的定量评估以及各个作战方案的优劣顺序比较,并进行深入分析,得出相关结论。

4.2.6.2　灰色关联分析法的特点和适用范围

灰色关联分析法是一种定性和定量分析相结合的评估方法,这种方法可以较好地解决评估指标难以准确量化和统计的问题,排除了人为因素带来的影响,使评估结果更加客观准确。

整个计算过程简单,通俗易懂,易于为人们所掌握;数据不必归一处理,可用原始数据进行直接计算,可靠性强;评估指标体系可以根据具体情况增减;对样本量的多少无特殊要求,无须大量样本,只要有代表性的少量样本即可;也不需要样本有典型的分布规律。

灰色关联分析法最大的优点是对数据量没有太高的要求,数据多与少都可开展分析。它的数学方法是非统计方法,在系统数据资料较少和条件不满足统计要求的情况下,更具有实用性。计算量小,即使是数十个变量或序列也可人工计算。

该方法缺点是要求样本数据具有时间序列特性。当然，该方法只是对评判对象的优劣做出鉴别，并不反映绝对水平。另外，灰色关联系数的计算还需要确定"分辨率"，而它的选择并没有一个合理的标准。需要说明的是，应用该方法进行对象评估时指标体系及权重分配也是一个关键问题，选择恰当与否直接影响到最终评估结果。另外，常用的灰色关联度量化所求出的关联度总是正值，这不能全面反映事物之间的关系，因为事物之间既可以存在正相互关系，也可以存在负相互关系。

4.2.7 雷达图评估法

雷达图（radar chart），又称蜘蛛网图，由于图形与导航雷达显示屏上的图形十分相似而得名。该方法通过绘制雷达图的方式，将多维空间点映射到二维空间，通过提取雷达图的特征向量，构建特定评价向量和评价函数，用评价函数对评价对象进行定量综合评价；也可以用于对各评价对象进行定性评价或其他评估方法一次评价结论的直观表达。主要特点是直观形象、易于操作，可以很方便地对多个样本进行对比分析。其主要定量评价思想如下。

（1）所绘制雷达图的封闭多边形的面积越大，评估结果越向指标值所代表的方向发展，即发展趋势越好。

（2）相同面积下，多边形越接近于圆，即周长越小，各指标发展越均衡。

（3）通过综合处理雷达图的面积和周长，可以得到被评价对象的综合评价结果。

雷达图的具体使用步骤如下。

①设要分析的数据共有 n 个变量，先画一个圆，由 n 个点把圆周分成 n 个部分。

②将圆心和 n 个点连接起来，就可得到 n 个辐射状的半径，这 n 个半径就作为 n 个变量的坐标轴。

③为划分刻度方便，在标记坐标轴前需要对原始数据做线性变换，使得数据落在给定区间 $[0, r]$ 内。根据下面公式，对第 i 个多维数据中第 j 个分量作线性变换，得

$$y_{ij} = \frac{x_{ij} - x_{\min,j}}{R_j} \qquad (4-35)$$

式中，$x_{\min,j} = \min\limits_{1 \leqslant i \leqslant n} x_{ij}, x_{\max,j} = \max\limits_{1 \leqslant i \leqslant n} x_{ij}, R_j = x_{\max,j} - x_{\min,j}$。

将 n 维数据的各个维规范化的数值刻在对应的坐标轴上，依次连接起来得到一个 n 边形，即得到用平面表示的 n 维数据的雷达图。

④应用指标值所围成的"雷达面"的特征向量,包括雷达图的面积和周长,对相关装备或系统的综合作战效能进行评估。计算公式如下:

$$\begin{cases} S_i = \dfrac{1}{2}\sum_{k=1}^{n-1} x_k x_{k+1} \sin\alpha \\ L_i = \sum_{k=1}^{n-1} \sqrt{x_k^2 + x_{k+1}^2 - 2|x_k x_{k+1}|\cos\alpha} \\ \alpha = 2\pi/n \end{cases} \quad (4-36)$$

其中,x_k 为雷达图中第 k 个指标轴的数值,如图 4-1 所示。

此外,从式(4-36)可以看出,当指标顺序不同,得到的雷达图的面积和周长会出现不同的结果。因此出现了一个问题,即当雷达图中指标的排序不一样,构成的雷达图形也不一样,导致雷达图特征值不同,进而导致最终的评价结果不唯一。为此,对雷达图作了改进,改进后的雷达图可以给出唯一的评估结果。改进方法之一就是以效能指标值为半径作弧线代替指标之间的连线,如图 4-2 所示。改进后的雷达图的周长和面积均为定值,即可以唯一确定改进雷达图的特征向量。

图 4-1 雷达图

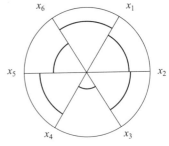

图 4-2 改进雷达图

$$\begin{cases} S_i = \sum_{k=1}^{n} \dfrac{\pi(w_k x_k)^2}{n} \\ L_i = \sum_{k=1}^{n} \dfrac{2\pi w_k x_k}{n} \end{cases} \quad (4-37)$$

式中,w_k 为第 k 个评价指标的权重。

在求各扇形面积和周长时引入了一个针对各指标的权重因子 w_k,引入该因子的目的主要是为了解决雷达图法面临的另一个缺陷,即雷达图法中各个指标权重默认是相同的,这往往与实际情况不符,通过对指标加权,可体现不同评价指标在装备或系统效能评估中的不同重要程度。

设有 m 个待评估对象,$i = 1, 2, \cdots, m$,第 i 个待评估对象的雷达图的面积

和周长分别为 S_i 和 L_i，令 $A = \max\{S_i\}$，即所有研究对象中雷达图面积最大者的面积，则对象 i 的评估矢量为 $\boldsymbol{V}_i = (V_{i1}, V_{i2})$，其中

$$V_{i1} = S_i/A \tag{4-38}$$

$$V_{i2} = 4\pi S_i/L_i^2 \tag{4-39}$$

由评估矢量的定义可知，评估矢量 $\boldsymbol{V}_{i1}$ 雷达图为对象 i 的雷达图面积的归一化，反映了雷达面面积的相对大小；评估矢量 $\boldsymbol{V}_{i2}$ 为对象 i 的雷达图面积与雷达图周长平方的比值，在相同周长条件下的圆的面积最大，因此雷达图越接近圆，V_{i2} 的值越接近于 1。由此，评估矢量 $\boldsymbol{V}_{i1}$ 和 $\boldsymbol{V}_{i2}$ 的取值范围为 $[0,1]$。$\boldsymbol{V}_{i1}$ 表示整体效能，越趋近于 1 表示整体效能越大；$\boldsymbol{V}_{i2}$ 表示整体效能的发展协调程度，当雷达图面积一定、各指标相等时，圆周长最大，即各指标最均衡。

可以综合整体效能和均衡发展，定义参数 f_i

$$f_i = \sqrt{V_{i1} \cdot V_{i2}} \tag{4-40}$$

根据 f_i，也就是雷达图的面积与图形形状可以完成对相关装备效能的综合评估。

雷达图评估法的优点是雷达图通常用于综合分析多个指标，具有完整、清晰和直观，易于操作等优点。

雷达图评估法的缺点是不考虑各指标间顺序和权重对最终效能和评价结果的影响。

4.2.8 集对分析法

集对分析法（set pair analysis，SPA），简记为 SPA 法，又称为同异反综合分析法，是我国学者赵克勤于 1989 年提出的一种关于确定随机系统同异反定量分析的系统分析方法，现在广泛应用于政治、经济、军事、社会生活等各个领域。集对分析是从系统的角度去认识确定性和不确定性的关系，并确定研究对象是一个确定或不确定系统，其不确定性和确定性共同处于一个统一体之中。因此分别从确定的角度和不确定的角度来研究不确定性的规律，并用联系度来表示。

（1）基本方法

在实际系统中，总存在着诸如理想、实际等一对对有着某种联系的集合。集对就是指存在联系的两个集合，集对分析即研究这两个集合的联系度。所谓联系度，是指这两个集合对其共有属性的相同、相异、相反（同异反）的程度。假设这两个集合具有 N 个共有属性，其中它们的相同属性有 S 个，相反属性有 P 个，那么既不相同亦不相反而是相异的属性 F 就有 $N-S-P$ 个。于

是有

 a：S/N 相同属性联系度，即同一度；
 b：F/N 相异属性联系度，即差异度；
 c：P/N 相反属性联系度，即对立度。

得到集对联系度公式

$$u = a + bi + cj \tag{4-41}$$

式中，i 为差异度系数，取值区间为 $[-1,1]$，具体视不同情况取值，有时仅起差异标记作用。对立度系数 j 取恒定值 -1，有时仅起对立标记作用。$a,b,c \in [0,1]$，而且 $a+b+c=1$。因此，$u=a+bi+cj$ 是个既确定又不确定的式子，并可推广到集合 $m>2$ 个时的情况，在此基础上，再深入研究系统的有关问题。

式 (4-41) 建立在对描述对象作"同、异、反"划分的基础上，称为同异反联系数或三元联系数。但在实际应用中，仅对描述对象所处的状态空间作一分为三的划分尚不够细化，因此需要对联系数作不同层次的扩展，形成一种多元联系数。

$$u = a + b_1 i_1 + b_2 i_2 + \cdots + b_{n-2} i_{n-2} + cj \tag{4-42}$$

其中，$a, b_1, b_2, \cdots, b_{n-2}, c \in [0,1]$，且 $a + b_1 + b_2 + \cdots + b_{n-2} + c = 1$；$i_1, i_2, \cdots, i_{n-2} \in [-1,1]$。$a, b_1, b_2, \cdots, b_{n-2}, c$ 为联系分量，$i_1, i_2, \cdots, i_{n-2}$ 为差异度系数，j 为对立度系数且取恒定值 -1。

集对分析方法的步骤如下。

(1) 确定同异反评估矩阵 $\boldsymbol{R}_s$。假设有 m 个评估对象，有 n 个评估指标，则

$$\boldsymbol{R}_s = \begin{bmatrix} a_{s1} & b_{s1} & c_{s1} \\ a_{s2} & b_{s2} & c_{s2} \\ \vdots & \vdots & \vdots \\ a_{sn} & b_{sn} & c_{sn} \end{bmatrix} (s = 1, 2, \cdots, m) \tag{4-43}$$

(2) 结合权重系数 $\boldsymbol{W}$ 和同异反系数矩阵 $\boldsymbol{E}$，求出联系矩阵

$$\mu_s = \boldsymbol{R}_s \cdot \boldsymbol{W} \cdot \boldsymbol{E} = \begin{bmatrix} a_{s1} & b_{s1} & c_{s1} \\ a_{s2} & b_{s2} & c_{s2} \\ \vdots & \vdots & \vdots \\ a_{sn} & b_{sn} & c_{sn} \end{bmatrix} \cdot \begin{bmatrix} w_1 \\ w_2 \\ \vdots \\ w_3 \end{bmatrix} \cdot \begin{bmatrix} 1 & i & j \end{bmatrix} \tag{4-44}$$

$$= \sum_{k=1}^{n} a_{sk} \cdot w_k + \sum_{k=1}^{n} b_{sk} \cdot w_k i + \sum_{k=1}^{n} c_{sk} \cdot w_k j$$

若记

$$a_s = \sum_{k=1}^n a_{sk} \cdot w_k, \quad b_s = \sum_{k=1}^n b_{sk} \cdot w_k, \quad c_s = \sum_{k=1}^n c_{sk} \cdot w_k$$

则上式可改写为：$\mu_s = a_s + b_s i + c_s j$。

（3）按照联系度 μ_s 中对立度 c_s 和同一度 a_s 数值能够排出全部评估对象的优劣次序。

根据不同的 a_s 值，从大至小进行排序能够达到评估对象的优劣次序；

如果 2 个及以上评估对象具有相同的 a_s 值，在对比 c_s 值，根据不同的 c_s 值，从大至小进行排序能够达到评估对象的优劣次序；

如果某两个评估对象 a_s、c_s 值分别都相同时，根据 $a_s + b_s + c_s = 1$，可知它们的 b_s 值也相同，要从中评出一个对象最优，则采用参考其他评估方法的评估结果。

（2）特点和使用范围

集对分析方法克服许多多目标决策方法中人为因素不合理确定权数，从而提供较为有效的评估方法。集对分析法具有如下特点。

①通俗易学。它只涉及集合、同一度的概念。它与模糊评判的隶属度概念相同，但较简单。

②同步无量化。在建立模型的过程中解决了指标体系合成中的量纲问题。

③实用。采用一个理想方案，评估有据；求其与其他方案各对应的同一度，以及指标合成，符合一般评估原理。

4.2.9 SEA 方法

SEA（system effectiveness analysis，SEA）方法是由美国麻省理工学院信息与决策系统实验室的 A. H. Levis 教授与 Vincent Bouthonnier 等人组成的研究小组于 20 世纪 70 年代末至 80 年代中期研究提出的，是一种系统效能分析方法，这种方法的实质是把系统的运行轨迹与系统要完成的使命联系起来，观察系统的运行轨迹与使命所要求的轨迹在同一公共属性空间相符合的程度，系统的运行轨迹与使命轨迹相重率高，则系统的效能高。由于这一方法所具有的较强分析能力及其广泛适用性，正日益显现出广阔的应用前景。

作为一类武器系统效能评估的经典方法，SEA 方法本身提供了一套基本概念和操作流程。6 个主要基本概念分别是系统（system）、域（context）、使命（mission）、本原（primitives）、属性（attributes）和效能指标（measure of effectiveness）。系统代表研究对象；使命由一组目标和任务组成，使命的描述应尽量明确，是构造模型的基础；域表示一组条件或假设，是系统存在的条件和假设,域和环境不同,系统不能影响域;属性是描述系统特性或使命要求的量,又称之为性能量度 MOP(measure of performance,MOP),如自动步枪的生存能力、可靠性等,在一个多使命系统中,性能量度是一个集合;本原是描述系统及其使命的变量和参数,如自动步枪在某段时间内的损耗量、耗弹基数等;效能指标是系统属性与使命属性比较得到的度量值,是系统效能的量化表示,反映系统与使命的匹配程度。其中,系统、域和使命描述了要研究的问题,本原、属性和效能指标则定义了分析该问题所需的关键量。对于一个待评价设备或系统,"域"定义了系统的界,"使命"规定了系统的目的性,而"本原"描述了系统的元素以及相应的度量,"属性"则反映了系统的功能。这样形成了一套完整的系统描述方法。

(1) SEA 方法的基本思想

SEA 的基本思想是:当系统在一定环境下运行时,系统运行状态可以用一组系统原始参数的表现值来描述。对于一个实际系统,由于系统运行不确定性因素的影响,系统运行状态可能有多个甚至无数个。那么,在这些状态组成的集合中,如果某一状态所呈现的系统完成预定任务的情况满足使用任务,就可以说系统在这一状态下能完成预定任务。由于系统在运行时落入何种状态是随机的,因此,在系统运行状态集中,系统落入可完成预定任务的状态的概率大小,就反映了系统完成预定任务的可能性,即系统效能。而为了能对系统在任一状态下完成预定任务的情况与使命任务要求进行比较,必须把它们放在同一空间内,性能量度空间(measure of performance,MOP)恰好可满足这一要求。其评估流程如图 4-3 所示。

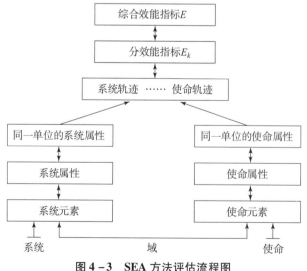

图 4-3 SEA 方法评估流程图

(2) SEA 法的基本步骤

若用 V 表示公共属性空间中轨迹 L 上的某种测度,则系统效能指标 MOE 为

$$\text{MOE} = \frac{V(L_s \cap L_m)}{V(L_s)} \quad (4-45)$$

此项指标代表系统和使命的匹配程度。

L_s 和 L_m 两条轨迹存在以下几种几何关系:

1) 两轨迹无交点,即 $L_s \cap L_m = \emptyset$ 时,系统属性不满足使命属性,系统效能为 0;

2) 两轨迹有公共点,但不互相包含,即 $L_s \cap L_m \neq \emptyset$ 且 $L_s \cap L_m < L_s, L_s \cap L_m < L_m$;

3) 使命轨迹包含在系统轨迹内,即 $L_s \cap L_m = L_m$,存在 $L_s > L_m$,给定的使命属性中,只利用了系统的部分资源,系统低效率;

4) 系统轨迹包含于使命轨迹中,即 $L_s \cap L_m = L_s$,说明系统属性满足当前使命属性;

5) 系统轨迹和使命轨迹完全重合,即 $L_s \cap L_m = L_s = L_m$,则系统效能为 1。

系统各组分子系统效能或效能分项指标的度量方法均可采用此方法。

根据上述分析,利用 SEA 方法分析武器系统的效能,分析框架步骤如下:

1) 确定系统、环境和系统使命。定义系统、域和背景,确定相互独立的系统本原,即系统原始参数。

2) 由系统使命抽象出一组性能量度,建立系统属性集合 $\{A_s\}$ 和使命属性集合 $\{A_m\}$,其中,s 代表系统任意状态,m 代表系统的特定使命任务。

3) 根据系统在环境中的运动规律,建立系统原始参数 $\{X_i\}$ 到性能量度的系统映射 f_s,令系统属性为 $\boldsymbol{A}_s = f_s(X_1, X_2, \cdots, X_k)$。

4) 根据系统使命要求,建立使命原始参数 $\{Y_i\}$ 到性能量度的使命映射 f_m,令使命属性为 $\boldsymbol{A}_m = f_m(Y_1, Y_2, \cdots, Y_n)$。

5) 由 f_s 和 f_m 产生系统轨迹 L_s 和使命轨迹 L_m。根据系统在特定情况下本原(原始参数)的取值范围,计算系统属性空间 A_s 和使命属性空间 A_m 的两条轨迹 L_s 和 L_m。

6) 求解系统各系统效能分项指标 E_k 和系统总体效能指标 $\boldsymbol{E} = u(E_1, E_2, \cdots, E_k)$。通过比较系统或子系统的系统属性和使命属性,利用得到的 L_s 和 L_m 两条轨迹评价系统或子系统的有效性,评价系统完成使命的情况。

(3) SEA 方法的特点

SEA 方法把系统能力和使命要求在同一公共属性空间进行比较,得到有效性评定的若干分量,适当地组合这些分量,最终获得对系统的总评价。

1) 贴近效能评估的基本含义,能充分体现出系统构成、组织架构和战术应用的变化对系统效能的影响。

2) 把系统的能力与使命要求放在同一 MOP 空间进行比较,从而实现对系统完成使命程度的评价,系统效能表明了系统完成使命的可能性和成功概率。

3) SEA 方法实际是一种方法论,系统效能分析建模需要根据具体的系统、环境和使命具体分析。

4) SEA 方法较适用于对具有特定使命任务的武器系统开展效能评估。

4.2.10 物元分析法

物元分析法是我国学者蔡文于 1983 年创立的一门新学科,是系统科学、思维科学和数学交叉的边缘学科。物元分析是研究物元,探讨如何求解不相容问题的一种方法,常应用于生态环境、水资源承载力、土地生态水平等需要开展综合评价的应用研究中。当所给的条件能达到要实现的目标时,称为相容问题;而当所给条件不能达到要实现的目标时,则为不相容问题。

(1) 基本方法

在物元分析中,把事物 N 及特征 C 和量值 X 的有序三元组 $\boldsymbol{R} = (N,C,X)$ 作为描述事物的基本元,简称物元。其基本原理是将评估对象视为一个物元,根据各个特征(或指标)的特性确立每个特征的理想状态,从而生成理想方案。通过比较各方案与理想方案之间的关联系数,可得出各方案与理想方案之间的关联度,利用关联度排序即可对各个方案进行排序。基本步骤如下:

1) 确定物元

给定事物的名称 N,关于它的特征 C 的量值为 X,以有序三元组 $\boldsymbol{R}$ 作为描述事物的基本元,简称为物元,$\boldsymbol{R} = (N,C,X)$。同时把事物的名称、特征和量值称为物元的三要素。例如,对于某型自动步枪而言,$\boldsymbol{R} = $(火力能力,有效射程,400 m)表示火力能力为一元一维的物元。

一个评估对象事物有多个特征或指标,如果事物 N 以 n 个特征 $c_1, c_2, \cdots, c_n$ 和相应的量值 $x_1, x_2, \cdots, x_n$ 来描述,则表示为

$$\boldsymbol{R} = \begin{bmatrix} N, c_1, x_1 \\ c_2, x_2 \\ \vdots \vdots \\ c_n, x_n \end{bmatrix} = \begin{bmatrix} R_1 \\ R_2 \\ \vdots \\ R_n \end{bmatrix} \qquad (4-46)$$

这时称 $\boldsymbol{R}$ 为 n 维物元，简记为 $\boldsymbol{R} = (N,C,X)$，称 $\boldsymbol{R}_i = (N,C_i,X_i)(i=1,2,\cdots,n)$ 为 $\boldsymbol{R}$ 的分物元。

2）划分经典域

经典域是指各评价等级对应指标的经典数值范围。

$$\boldsymbol{R}_j = (N_j,C_i,X_{ji}) = \begin{bmatrix} N_j & c_1 & x_{j1} \\ & c_2 & x_{j2} \\ & \cdots & \cdots \\ & c_n & x_{jn} \end{bmatrix} = \begin{bmatrix} N_j & c_1 & \langle a_{j1},b_{j1} \rangle \\ & c_2 & \langle a_{j2},b_{j2} \rangle \\ & \cdots & \cdots \\ & c_n & \langle a_{jn},b_{jn} \rangle \end{bmatrix} \quad (4-47)$$

式中，N_j 为事物的第 j 个等级（$j=1,2,\cdots,m$），m 为评价标准的级别数目；x_{ji} 为 N_j 关于 c_i（级别 j 的第 i 个特征或指标）所规定的量值范围，即各等级关于对应特征的数值范围——经典域 $\langle a_{ji},b_{ji} \rangle$。

3）确定节域

节域指全部等级各特征的值域。

$$\boldsymbol{R}_p = (N_p,C_i,X_{pi}) = \begin{bmatrix} N_p & c_1 & x_{p1} \\ & c_2 & x_{p2} \\ & \cdots & \cdots \\ & c_n & x_{pn} \end{bmatrix} = \begin{bmatrix} N_p & c_1 & \langle a_{p1},b_{p1} \rangle \\ & c_2 & \langle a_{p2},b_{p2} \rangle \\ & \cdots & \cdots \\ & c_n & \langle a_{pn},b_{pn} \rangle \end{bmatrix} \quad (4-48)$$

其中 N_p 为事物等级的全体，可分为 m 类，区间 X_{pi} 为 N_p 关于 c_i 所取的量值范围，称为节域。X_{pi} 包括 X_{ji} 所有的取值范围，即有 $X_{ji} \in X_{pi}$。

4）确定待评估物元

待评估的对象为 N_0，将测量结果表示为物元。$\boldsymbol{Y} = (y_1,y_2,\cdots,y_n)$ 是 N_0 关于 c_i 的 n 个评估值。

$$\boldsymbol{R}_0 = (N_0,C,Y) = \begin{bmatrix} N_0 & c_1 & y_1 \\ & c_2 & y_2 \\ & \cdots & \cdots \\ & c_n & y_n \end{bmatrix} \quad (4-49)$$

5）确定关联度

关联度是事物之间、因素之间关联的度量，即是根据事物或因素的连续或离散系列曲线的相似程度来判断其关联程度的大小。若两条曲线的形状相似，或两因素变化趋势相、相近，则关联度大；反之，关联度就小。设 N_0 与 $N_j(j=1,2,\cdots,m)$ 关于 c_i 的距为 $r(y_i,x_{ji})$，N_0 与 N_p 关于 c_i 的距为 $r(y_i,x_{pi})$，$i=1,2,\cdots,n$。

$$r(y_i, x_{ji}) = \left| y_i - \frac{a_{ji} + b_{ji}}{2} \right| - \frac{1}{2}(b_{ji} - a_{ji}) \qquad (4-50)$$

则待评估事物就特征 c_i 关于第 j 个等级的关联度为

$$k_j(y_i) = \frac{r(y_i, x_{ji})}{r(y_i, x_{pj}) - r(y_i - x_{ji})} \qquad (4-51)$$

令 a_i 为特征 c_i 的权系数，设 $d(N_0, N_p)$ 表示为 N_0 关于第 j 个等级的关联度，则

$$d_j(N_0, N_j) = \sum_{i=1}^{n} a_i k_j(y_i) \qquad (4-52)$$

6) 评定等级

关联度的大小表示一事物符合标准事物等级的程度，值越大，符合程度越高。根据最大隶属原则，可确定 N_0 的等级。若 $d_j(N_0, N_j) = \max\limits_{1 \leqslant i \leqslant m} d(N_0, N_i)$，则 N_0 属于第 j 个等级。

7) 优劣排序

关联物元按 m 个不同方案的关联度大小进行排序。

(2) 特点和使用范围

物元分析方法突出的特点是提出了物元这一新概念，建立了物元变换理论，同时兼顾考虑了不相容问题中的质和量，进而使问题得到解决。

物元分析方法适用于存在或通过指标进行设定出理想方案的评估对象。

4.3 典型自动步枪系统效能评估应用

本节根据第三章建立的评估指标体系，针对五种典型步枪在山地和城市两种典型作战环境下进行系统效能评估。

自动步枪随着新材料、新结构、新工艺、新技术的发展而大量运用，向小口径化、轻量化、通用化、枪族化、高精度化的方向发展，其战斗力和系统效能更是产生了极大的飞跃。自动步枪系统效能是全面评估自动步枪优劣最主要、最有效的手段，为论证设计、作战运用、军事部署提供依据，是自动步枪在作战对抗过程和作战结果中判定作用的主要方法，对于全面搞好装备建设和装备论证具有十分重要的意义。研究与创新自动步枪系统效能评估方法，对于分析研究我军和外军的自动步枪的战术技术性能和系统效能，了解和掌握我军自动步枪在世界上的技术先进性和所处的位置，清晰定位发展水平、顶层规划路线，明确发展方向与重点等基础工作，具有非常重要的理论意义和实际应用价值。

4.3.1　自动步枪评估系统效能评估任务

只有在实战中才能真正地检验一种武器的作战能力，所以评价一种武器装备的效能往往需要结合具体的作战任务，将它置于一定的战场想定中。想定是按照训练或演习课题对作战双方的企图、态势以及作战发展情况的设想和假定，包括战场环境、战斗部署、作战行动、装备部署、指挥控制与各种战斗保障等基本要素。在想定中，要将整个作战系统，包括复杂的战场环境与作战过程以及具体的指挥控制活动、作战活动描述清楚，便于抽象和描述基本的战斗关系，以便后续的量化、建模、预测和评估。由武器装备及其使用人员、环境等要素所构成作战系统是战场构思过程中所要描述的对象系统，因而有关作战系统行动的各个方面都可以作为战场构思的对象。

战斗的基本类型主要分为进攻战斗和防御战斗。进攻战斗任务对步枪的直射距离、射击精度、毁伤能力以及步枪的机动性要求高一些，同时因为进攻战斗一般都提前经过周密部署，所以往往对作战环境有较深入的了解，会选择更为适用的参战武器装备，对步枪适应性的要求就不会很高。防御战斗对步枪的机动能力和生存适应能力要求高一些。步枪机动能力越高，就自然会降低进攻方的射击精度；在有伪装防护的情况下，防御方的膛口烟焰、膛口噪声越小，就会降低进攻方发现己方的概率。而不同的具体的进攻战斗样式由于其特殊性对参战步枪又有一些特殊的关注点和需求，如对阵地防御之敌的进攻战斗对步枪的火力突击能力要求高，而对步枪的隐蔽性、人机工效之类没有太多要求，而阵地防御战斗则着重考虑步枪的火力压制能力和隐蔽性能；伏击战斗中则更多考虑步枪的隐蔽性；遭遇战斗要求步枪有更远的射程和更优的机动能力；若是夜间进攻战斗，则会要求更小的膛口焰和膛口噪声，以便隐蔽自己，要求更优的夜视技术以便更早发现目标和实施射击；城市作战由于较易出现近距离的巷战，要求更高的射击精度、命中能力和火力压制能力；而山地作战要求较高的步枪精度，以便一击即中；高原地进攻战斗由于地高天寒缺氧，将影响到步枪的射击精度，影响步兵的战斗士气和战斗能力，机动受限；荒漠草原地进攻战斗，便于观察、射击、指挥、协同，但隐蔽、伪装、防护、供水、补给困难，生存条件艰苦，暴风沙尘也会严重影响战斗行动，对步枪的环境适应能力有更多要求。

针对自动步枪的系统效能大多注重单项性能指标的提升，尤其是直射距离、命中率、毁伤能力等火力性能指标，在作战使用中暴露出来的可靠性不高、作战环境适应性不强等问题比较突出，缺少从系统角度多种综合作用下的系统效能评估。

4.3.2 城市/山地作战环境下自动步枪的系统效能评估

开展系统效能评估的基本思路是先进行整体静态评估,主要着重自动步枪本身;再结合作战环境开展动态效能评估。此时需结合不同作战环境特点,如山地作战环境、城市作战环境、观瞄设备的影响、环境的影响、人员素质的影响等。

根据山地自然环境的特点以及作战使用的方便性等因素,对自动步枪要求具有较高的首发命中率、较强的持续火力、操作简便、便于伪装、方便安装观瞄设备,以及高可靠性、维修保养简单。山地作战运动海拔差异大,要求自动步枪不能太重,外形尺寸不能太长,不仅要方便人员携行,也要便于车辆运输和补给。在高海拔地区,士兵负荷越轻越好,自动步枪必须轻量化、精确化,以适应未来的山地作战的特点,减少山地对自动步枪的影响。

城市作战是信息化作战样式中非常重要的一种形式,在错综复杂、紧张激烈的战场环境中展开,其城市建筑密集,街区复杂,地下设施完善,利于隐蔽,地形变化速度大。城市作战对自动步枪要求最好枪身短、重量轻、威力大,功能集成,武器模块化、通用性强。作战人员在巷战中,甚至小房间、船舱、城市下水通道时,能够迅速发扬火力,消灭敌人。还具有全天候作战能力,瞄准装置的体积和质量更小。需要灵活便携,射出的枪弹不反跳,实现拐弯瞄准和射击等。

结合3.7节对自动步枪系统效能评估指标体系的构建,以及山地、城市等典型作战环境对自动步枪的特殊作战需求,拟选择来自美国、俄罗斯、奥地利、日本和中国的典型自动步枪作为候选对象,开展自动步枪系统效能评估应用验证。

为便于开展不同战场环境下的步枪系统效能评估,对3.7节中的效能评估指标体系做了缩减,具体如图4-4所示。侧重整体上的静态评估,突出自动步枪本身的战术技术性能指标;许多基础评价指标,如行战转换能力,可采用多种量化标准,如行战转换能力就可用行战转换时间或行战转换后装备的完备率来描述,而这类指标比较适用于采用作战仿真评估手段的场合,能结合整体作战推演进程和具体的作战活动获得相应的指标值,此类指标还有不少,如战时的装备抢救抢修率、参战人员射击过程中具体采用的具体高低姿势等。再结合作战环境,考虑作战使用过程中与环境、作战对抗等交互活动的影响开展动态效能评估,此时需结合不同作战环境特点,如山地作战环境、城市作战环境,考虑人员素质的影响、昼夜观瞄设备的影响、环境的影响等。

第4章 自动步枪系统效能评估方法

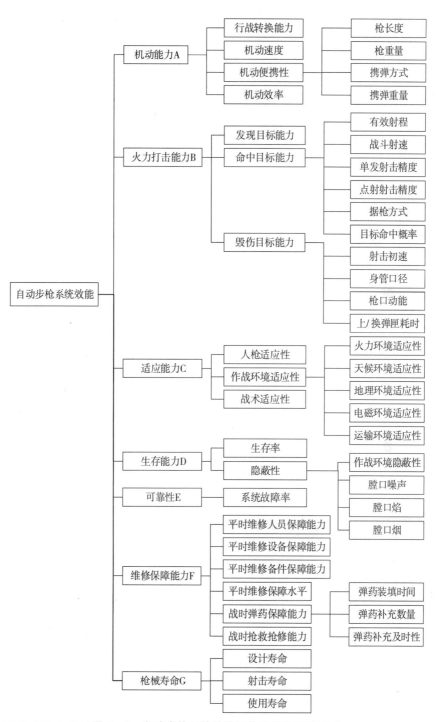

图 4-4 自动步枪系统效能评估应用指标体系图

考虑到评估时只是为了验证评估方法、评估指标体系，在不结合实战背景需求的前提条件下，对部分指标体系进行了修改，更突出自动步枪性能指标的作用，而对参战人员在战时使用过程中与作战进程相关的一些指标进行了弱化，如发现目标能力中的目标发现距离、发现率、识别率、步枪瞄准的迅速性、分解结合容易性、故障排除简易性等、开火时间、命中时间等。在不影响总体评价结果的基础上，也可以弱化部分指标的影响，将不同目标的指标进行一致性处理，因采用此处理方式的指标不多，所以一般并不影响最终的评价结果。

在此评估指标体系基础上，采集评估用基础数据。表4-2给出了5种来自中国、美国、俄罗斯、日本、奥地利自动步枪或突击步枪的战术技术指标，分别用枪1、枪2、枪3、枪4、枪5表示，拟采用前述分析的多种效能评估方法对其系统效能进行分析并分别给出其评估结果。

表4-2 多种自动步枪评估基础数据

指标名称	自动步枪型号（口径）	枪1	枪2	枪3	枪4	枪5
行战转换能力	行战转换完备率	0.95	0.95	0.95	0.95	0.95
机动速度	（km/h）	5	5	5	5	5
机动便携性	全枪重（kg）	3.22	3.3	3.3	3.6	3.5
	全枪长（m）	1.05	0.930	0.746	0.790	0.916
	携弹量（kg，弹匣数 * 每匣子弹数 * 单颗子弹重量）	7×0.49	6×0.5	5×0.5	5×0.49	6×0.49
机动效率		83%	83%	85%	80%	85%
发现目标能力	观瞄镜倍率（倍）	3	1	3	1.5	4
命中目标能力	有效射程（米）	450	400	400	400	500
	（理论）战斗射速（发/min）	940	650	650	650	850
	单发射击精度%/200 m	90%	82%	84%	86%	91%
	点射射击精度 R50 cm/200 m	14.2	15.8	14.6	14.8	14.7
	据枪方式	低姿	低姿	低姿	低姿	低姿
	目标命中概率（%）	60%	60%	60%	60%	60%
毁伤目标能力	射击初速（m/s）	910	900	930	910	920
	身管口径（mm）	5.56	5.45	5.8	5.56	5.56

续表

指标名称	自动步枪型号（口径）	枪1	枪2	枪3	枪4	枪5
	枪口动能（J）	1 765	1 383	1 410	1 570	1 650
	上/换弹匣平均耗时（s）	2	2	2	2	2
人枪适应性	操作部位适宜性（10分）	9.4	8.5	9.0	9.2	9.1
	射击噪声（10分）	8.2	7.5	7.8	8.0	8.1
	射击冲量（kg·m/s）	0.51	0.42	0.75	0.56	0.78
作战环境适应性	火力环境适应性（10分）	8.3	9.3	8.5	8.8	8.5
	天候环境适应性（10分）	8.5	8.8	8.6	8.7	8.5
	地理环境适应性（10分）	9.0	9.2	8.5	8.8	8.5
	电磁环境适应性（10分）	9.0	9.0	9.0	9.0	9.0
	运输环境适应性（10分）	8.1	8.9	9.1	8.4	8.3
战术适应性	（10分）	9.5	9.2	9.0	9.2	8.9
生存率	[0, 1]	0.75	0.82	0.75	0.75	0.75
隐蔽性	作战环境隐蔽性（10分）	8.3	8.9	8.9	8.4	8.1
	膛口噪声（dB）	150	164	160	156	168
	膛口焰（ms）	1.0	1.3	1.0	1.1	1.2
	膛口烟（膛口烟火压力比）	500	640	600	540	550
系统可靠性	故障率（‰）	0.32	0.30	0.33	0.34	0.35
维修备件保障能力	[0, 1]	1	1	1	1	1
维修保障水平	[0, 1]	0.9	1	0.9	0.9	0.9
弹药保障能力	弹药装填时间（s）	2	2	2	2	2
	弹药补充数量（发）	30	30	30	30	30
设计寿命	（发）	10 000	12 000	10 000	10 000	35 000

在步枪的作战效能评估体系中，有效益型指标、成本型指标，也有区间型指标。典型如行战转换完备率、射弹初速、有效射程、战斗射速、弹匣容量、目标命中概率、枪口动能、3连发点射和单发射击精度、各类环境适应性、环境隐蔽性等均为效益型指标；身管口径、枪全重、膛口噪声、膛口焰持续时间、膛口烟、故障率等均为典型的成本型指标；而枪长等为区间型指标。其中有些指标在规范化过程中容易出错，如上面提到的射击精度，如果射击精确度

按百分比来表述，则该指标为效益型指标，而用散布半径必中圆半径 R50 来描述 3 连发点射射击精度，显然 R50 越小射击精度越高，所以此处的 3 连发点射射击精度是一个成本型指标。另一个比较特殊的指标是描述人员适应性的枪口噪声，这是一个主观打分指标，按人员对噪声的接纳程度打分，显然分值越高适应性越好，所以此处的噪声指标为效益型指标；而在隐蔽性指标中的膛口噪声是以客观分贝值为考核标准，显然此指标应为成本型指标。

根据具体指标类型，选取归一化公式得到 5 种自动步枪的各项指标的规范化数值，如表 4 - 2 所示。主要采用如下三种简化的规范化方法。其中本身用百分率表示的指标已是规范化指标，无须再次进行数据处理。

（1）效益型指标归一化

$$y_{ij} = 1 - (\max_{1 \leq i \leq m}\{x_{ij}\} - x_{ij})/(\max_{1 \leq i \leq m}\{x_{ij}\}) \quad \max_{1 \leq i \leq m}\{x_{ij}\} \neq 0$$

（2）成本型指标归一化

$$y_{ij} = 1 - (x_{ij} - \min_{1 \leq i \leq m}\{x_{ij}\})/(\max_{1 \leq i \leq m}\{x_{ij}\} - \min_{1 \leq i \leq m}\{x_{ij}\}) \text{ if } \max_{1 \leq i \leq m}\{x_{ij}\} - \min_{1 \leq i \leq m}\{x_{ij}\} \neq 0$$

（3）区间型指标归一化

若 x_{ij} 为区间型指标，设给定的最优属性区间为 $[x_j^0, x_j^*]$，x_j' 为无法容忍下限，x_j'' 为无法容忍上限，则

$$y_{ij} = \begin{cases} 1 - (x_j^0 - x_{ij})/(x_j^0 - x_j'), & x_j' \leq x_{ij} < x_j^0 \\ 1, & x_j^0 \leq x_{ij} \leq x_j^* \\ 1 - (x_j - x_j^*)/(x_j'' - x_j^*), & x_j^* < x_{ij} \leq x_j'' \\ 0, & \text{其他} \end{cases}$$

例如，对于枪全长指标的规范化，规定枪全长指标量纲为毫米（mm），可设枪全长取 $x_j^0 = x_j^* = 900$，无法容忍下限 $x_j' = 400$，无法容忍上限 $x_j'' = 1\ 400$，则有

$$y_{ij} = \begin{cases} 1 - (900 - x_{ij})/500, & 400 \leq x_{ij} \leq 900 \\ 1 - (x_{ij} - 900)/500, & 900 < x_{ij} \leq 1\ 400 \\ 0, & \text{其他} \end{cases}$$

基础指标数据规范化处理后的指标值（保留小数点后 4 位）详见表 4 - 2。

表 4 - 3　典型自动步枪规范化技术指标与战术指标

指标名称	自动步枪型号	枪 1	枪 2	枪 3	枪 4	枪 5
行战转换能力		1.0	1.0	1.0	1.0	1.0
机动速度		1.0	1.0	1.0	1.0	1.0

续表

指标名称	自动步枪型号	枪1	枪2	枪3	枪4	枪5
机动便携性	全枪重	1.0	0.789 5	0.789 5	0	0.263 2
	全枪长	0.7	0.94	0.704	0.78	0.956
	携弹量	1.0	0.874 6	0.728 9	0.714 3	0.857 1
机动效率		0.976 5	0.976 5	1.0	0.941 2	1.0
发现目标能力	观瞄镜倍率	0.75	0.25	0.75	0.375	1.0
命中目标能力	有效射程	0.9	0.8	0.8	0.8	1.0
	战斗射速	1.0	0.691 5	0.691 5	0.691 5	0.904 3
	单发射击精度	0.9	0.82	0.84	0.86	0.91
	点射射击精度	1.0	0	0.75	0.625	0.687 5
	据枪方式	1.0	1.0	1.0	1.0	1.0
	目标命中概率	0.6	0.6	0.6	0.6	0.6
毁伤目标能力	射击初速	0.978 5	0.967 75	1.0	0.978 5	0.989 2
	身管口径	0.685 7	1.0	0	0.685 7	0.685 7
	枪口动能	1.0	0.783 6	0.798 9	0.889 59	0.934 89
	上/换弹匣平均耗时	1.0	1.0	1.0	1.0	1.0
人枪适应性	操作部位适宜性	1.0	0.904 3	0.957 43	0.978 73	0.968 1
	射击噪声	1.0	0.914 61	0.951 2	0.975 6	0.987 8
	射击冲量	0.75	1.0	0.083 3	0.611 1	0
作战环境适应性	火力环境适应性	0.892 5	1.0	0.914 0	0.946 2	0.914 0
	天候环境适应性	0.965 9	1.0	0.977 3	0.988 6	0.965 9
	地理环境适应性	0.978 3	1.0	0.923 93	0.956 53	0.923 93
	电磁环境适应性	0.978 3	1.0	0.978 3	0.978 3	0.978 3
	运输环境适应性	0.890 1	0.978 0	1.0	0.923 1	0.912 1
战术适应性		1.0	0.968 4	0.947 4	0.968 4	0.936 8
生存率		0.75	0.82	0.75	0.75	0.75
隐蔽性	作战环境隐蔽性	0.932 6	1.0	1.0	0.943 8	0.910 1
	膛口噪声	1.0	0.222 2	0.444 4	0.666 7	0
	膛口焰	1.0	0	1.0	0.666 7	0.333 3

续表

指标名称 \ 自动步枪型号		枪1	枪2	枪3	枪4	枪5
	膛口烟	1.0	0	0.285 7	0.714 3	0.642 9
系统可靠性	故障率	0.68	0.70	0.67	0.66	0.65
维修备件保障能力		1.0	1.0	1.0	1.0	1.0
维修保障水平		0.9	1	0.9	0.9	0.9
弹药保障能力	弹药装填时间	1.0	1.0	1.0	1.0	1.0
	弹药补充数量	1.0	1.0	1.0	1.0	1.0
设计寿命		0.285 7	0.342 9	0.285 7	0.285 7	1.0

评估指标数据经规范化处理后，形成了规范化矩阵数据。选定不同的评估指标聚合算法模型，得到不同算法模型下的自动步枪一级指标评估结果，如表4-4所示。其中由于指标值量化问题，由于都采用了低姿设计方式，把枪比较稳，影响一致，所以去掉了据枪方式这一指标对命中目标能力的影响。

表4-4 典型自动步枪主要评估指标值

指标名称 \ 自动步枪型号	枪1	枪2	枪3	枪4	枪5
机动能力	0.964 1	0.954 2	0.918 3	0.832 1	0.905 7
火力打击能力	0.858 1	0.628 0	0.741 3	0.685 1	0.916 9
适应能力	0.948 3	0.967 8	0.848 4	0.923 6	0.834 0
生存能力	0.858 8	0.579 9	0.718 5	0.749	0.62
可靠性	0.68	0.70	0.67	0.66	0.65
维修保障能力	0.966 7	1.0	0.966 7	0.966 7	0.966 7
寿命	0.285 7	0.342 9	0.285 7	0.285 7	1.0

（3）采用评估算法模型

根据评估对象为5个以及评估指标体系的各个指标关联性不强，定量数据较多，故选用加权和法、TOPSIS理想点法、灰色关联分析法、雷达图法等4种典型评估算法开展自动步枪系统效能评估应用验证，结果如表4-5所示。不难看到，采用的四种评估算法得到的系统效能评估结果虽不是完全相同，但趋势基本一致。分析其原因，主要是模型原理侧重点不同，算法操作选取的方向各异，所以四种算法系统效能的评估结果也不是完全相同。其中雷达图方法主要采用4.2.7节中描述的改进雷达图方法，灰色关联分析采用加权的最小灰色关联分析法，即关联度最小的对应最优方案。

表4-5 自动步枪城市作战环境下系统效能评估结果

自动步枪型号评估结果	枪1	枪2	枪3	枪4	枪5
加权和法	0.803 0	0.733 2	0.736 7	0.725 9	0.829 7
理想点法	0.455 2	0.230 5	0.267 5	0.232 0	0.717 2
（加权最小）灰色关联分析法	0.624 6	0.658 2	0.654 5	0.660 4	0.597 5
雷达图法	0.935 8	0.854 5	0.858 5	0.845 9	0.966 9

利用加权和法获得的系统综合效能，枪5＞枪1＞枪3＞枪2＞枪4；利用TOPSIS理想点法获的系统综合效能，不同方案的排序为枪5＞枪1＞枪3＞枪4＞枪2；利用加权最小灰色关联分析法进行综合效能评估，不同方案的排序为枪5＞枪1＞枪3＞枪2＞枪4；利用雷达图法获得的系统综合效能，显示的方案排序为枪5＞枪1＞枪3＞枪2＞枪4。四种不同方法基本趋势一致，只有在枪2和枪4两种自动步枪的系统效能上有所偏差，且差别不大。

同理，根据环境变化主要影响指标权重的思路，获得了典型山地作战环境下自动步枪的系统效能评估结果，具体如表4-6所示。

表4-6 自动步枪山地作战环境下系统效能评估结果

自动步枪型号评估结果	枪1	枪2	枪3	枪4	枪5
加权和法	0.803 1	0.732 7	0.736 6	0.725 9	0.829 0
理想点法	0.456 9	0.229 9	0.268 6	0.234 3	0.714 2
（加权最小）灰色关联分析法	0.624 5	0.658 4	0.654 5	0.660 3	0.597 8
雷达图法	0.937 5	0.855 3	0.859 8	0.847 4	0.967 7

如表4-6所示，山地作战环境下各种自动步枪的系统效能具体评估值有所不同，但基本趋势同城市作战环境，其中有3种方法显示5种待评估方案中，系统效能的排序为枪5＞枪1＞枪3＞枪2＞枪4，仅TOPSIS理想点法显示系统效能的排序为枪5＞枪1＞枪3＞枪4＞枪2，主要趋势一致，说明不同的系统效能综合方法均能得到基本一致的评价结果，方法的适用性较强，选择性较多。此外，评估过程及评估结果表明：影响步枪效能的主要因素之一是其基本能力，如火力打击能力、机动能力、可靠性、适应性以及这些能力涉及自动步枪枪口初速、枪口动能、射速、单射精度、3发点射精度、枪重、枪长、平均故障率、观瞄倍率等基本性能有关；另一类主要因素与步枪的使用环境及使

用人员的个人素养有关，考虑实战背景，参战人员自身因素在很大程度上影响着整个枪械系统作战效能的发挥。这一点在静态评估时不能很好地加以体现，而与作战过程中的具体战术动作和活动过程息息相关，主要考虑参战人员的士气、身高、对武器操作的熟练程度、作战经验等随机影响因素，采用静态评估方法时要对这些因素进行量化处理，要有好的参数设定，量化成服从正态分布的能力值随机序列，并结合枪械系统自身的静态作战能力。若采用基于过程的作战仿真方法，这些因素会得到相对好的体现，但评估方式会发生改变。

　　正如任何事物都有它的两面性一样，每种评估方法有它的产生背景，难免存在着局限性和不足之处，对此我们必须有所认识。不然，盲目地去应用，就会导致错误的决策。因此就出现组合评估方法，即通过将具有互补性的方法组合在一起，能够弥补缺点、突显优点，实现优势互补。组合评估法通过一定地方法将两个以上的评估方法组合在一起，在吸收这些评估方法的优点的同时，又克服了这些方法各自的缺陷，这样对评估对象作了更为全面的评估。但是组合评估法也可能出现较大的随机性偏差，从而与真实情况不相符合。因此要对组合评估法有一个正确全面的认识。

　　（1）组合评估法并不能完全取代单一评估法。不能说组合评估就一定优于某一种单一评估法。

　　（2）采用组合评估法进行综合评估时仍然具有较强地主观性。因为组合评估法只是从评估方法选择方面进行了改进。

　　（3）在采用组合评估法进行评估时不能忽视评估的其他几个阶段。只有在各个阶段都比较科学、合理地情况下才能最终保证评估结果的科学性、合理性。

　　（4）在采用组合评估法进行评估时，单一评估方法并不能随意组合。因为不同的单一评估方法对评估指标体系和评估对象有着不同的要求。

　　评估方法组合表现在评估方法的两两集成、定性评估与定量评估相结合、评估方法的"改进"组合等方面。

第 5 章
自动步枪系统效能评估结果的综合

为了解决现实生活中各式各样的问题，学者们构建出了种类繁多的评估方法和评估模型，据初步统计国内外建立的评估方法有数百种之多。面对实际问题的时候，在眼花缭乱的方法中到底该选择哪一种就成了很大的问题。更为普遍的情况是面对同一个评估对象组，有很多可行的评估方法供选择，每种评估方法产生背景不同、评估机理不同，而且每种方法的评估结果之间一般又有差异，到底该相信哪种方法的评估结果，这又是一个很实际的问题。为了克服"不存在单一完美的评估方法""方法选择受主观影响过大"及"主客观赋权都有缺陷"等问题，人们并没有任何依据认为某一种方法一定是最优的，更多的只能假定被评估对象的真实评价单位的真实水平被包含在这些不同的评估方法之中，因此有必要考虑将不同的方法结合起来进行评估，即采用"综合评估"的方法，通过将具有互补性的方法综合在一起，能够弥补缺点、突显优点，实现优势互补。综合评估法通过一定的方法将两个以上的评估方法综合在一起，在吸收这些评估方法的优点的同时，又克服了这些方法各自的缺陷，这样对评估对象作了更为全面的评估。

5.1 单一评估方法的局限性

单一评估方法主要体现在评估结果的不确定性以及由此而导致的可信性差，其原因主要有：

（1）评估的复杂性。评估对象一般是个典型的复杂系统。系统组成互相作用、关系错综复杂。要对评估对象进行完全的量化研究是很困难的，很多时候只能借助于定性分析的力量，这在客观上就造成了评估的不确定性。

（2）评估方法的自身缺陷。现有的评估方法往往有各自的优缺点，有不同的适用范围，对同一对象的评估会产生不同的结果，出现这种情况的主要原因就是不同的评估方法只是从不同的角度对评估对象作出的某种估计，无法完全反映评估对象的所有信息，而只是反映了评估对象的部分信息。也就是不存在一种绝对完美的评估方法。

（3）评估方法选择缺乏科学的量化依据。现有的评估方法种类繁多，一个对象可能会有多个适用的评估方法，在评估的过程中往往依据惯性和经验选取方法。面对同一个评估对象，不同的人会选择不同的评估方法，而不同的评估方法所得到的评估结果一般并不相同，而这些结果只能反映评估对象的部分信息，具有不确定性。无法用量化准则说明评估结果的优劣，评估方法的选择缺乏科学，评估结果的分析缺乏量化准则。这也导致了评估结果的不确定性和不可信性。

（4）方法操作上的主观性。通常评估方法操作时都需要建立评估指标体系，指标的无量纲化以及确定指标权数。由于评估对象的复杂性，评估指标体系的建立一般都只能采用定性分析的手段，而定性分析通常都带有一定的主观偏好性。指标的无量纲化和指标权数的确定也都有多种方法可供选择，而这些方法的选择也都只能依靠主观的定性分析。因此，评估方法在操作上是具有大的主观性的。

5.2 评估结果的分类

面对单一评估方法的不足，人们普遍采取了多种方法综合评估的方式，对有代表性的几种评估方法的评估结果采用适当的方法进行综合，得出综合评估值，按综合评估值的大小得到排序结果，以实现各种方法之间的优劣互补，得出更为合理科学的评估结果。一般情况下，评估结果表现为两种形式：

（1）评估结果为数值

选取定量指标或者定性指标定量化后，经过一定的评估方法进行评估处理和变化后得到一个具体的得分值。如采用加权和法 $y_i = \sum_{j=1}^{n} w_j x_{ij}$ 对不同的作战方案进行评估得到的值 y_i，就是评估结果为数值的情况。如果评估对象为若干个，对于每一个评估对象均可以评估得到一个评估结果的数值。若对这些评估数值进行排序则得到第二种评估结果。

（2）评估结果为排序

对多个评估对象进行评估得到一个排序，有方案 A,B,C,D 四个，得到的评估结果为 $A > B > C > D$，表示 A 优于 B，B 优于 C，C 优于 D，A 方案最优，D 方案最差。

$>$ 表示优于。其定义如下：若 F 为偏好集，$f^1, f^2 \in F$，则命题"认为 f^1 不劣于 f^2"是定义在 F 上的一个二元关系，称为集合 F 上的偏好关系（序），简称偏好序,记为 $f^1 \geq f^2$。它反映主体对客体进行比较、排序的偏好关系。优于(记为">")、无差别于(记为"~")和不劣于(记为"≥")是偏好关系中的三个基本关系。

5.3 评估结果综合

评估结果综合是采用多种评估方法对评估对象进行评估得到的多个评估结果进行综合得到一个评估结果的过程,以达到优化的目的,同时减少评价过程中的随机误差和系统偏差,使综合评估的结论尽可能地贴近真实值,提高评估结果的真实性和可靠性。

多个评估结果构成评估集,首先对评估结果进行检验分析,其评估结果之间能够相互印证,它们具有相容性和一致性,对它们的组合才是有效的。组合前的检验实际上是一个方法筛选的过程,能筛选出结果比较一致的方法,但它是基于评估结果的一致性进行筛选的,要考虑到评估对象的本身特征,参与筛选的方法集还必须经仔细考察,弄清楚评估方法是不是适合评估问题的背景。其次是将相容性一致的评估结果,通过适当的方法组合成单一评估结果,作为最终的评估结果。评估结果的综合比单一的评估方法更合理,更科学,因为它克服了单一评估方法的缺陷,同时吸收了多种评估方法的优点,对待评估对象作了更为全面合理的评估,同时评估结果的排序更加趋于稳定、一致,显示出较强的合理性。

评估结果综合一般包括两个步骤:评估结果的分析和评估结果的组合。

5.3.1 评估结果的分析

评估结果分析主要是对评估结果是否具有相容性和一致性进行分析,其基本思路是"少数服从多数",也就是评估结果集有多数结果比较一致,少数结果不一致,组合时将一致的多个评估结果进行组合。评估结果分析的方法主要有基于漂移度和基于相关系数的两类分析方法;通过这两种方式来确定评估结果是否相容。

5.3.1.1 基于漂移性测度的评估结果分析

由于每一种评估方法只代表了一方面的观点,而且只是采用一种机理来判断各种属性的状态相对于评估人员的主观价值期望的满足程度。因此,每一种评估方法得出的结果,即使是在主观价值期望不变的情况下,相互之间的结果都是有差异的,这一差异则表现为漂移度。

采用漂移性测度的方法,能够合理衡量出每一种评估方法的评估结果相对于实际效能结果的差异。通过采用漂移度满足设定范围的评估方法集对评估对象进行综合评估,得到满足"大多数意见"的综合结果。

(1) 漂移性定义及相关假设

漂移性是指评估结论与客观实际的不一致性。漂移度是某一评估方法对于评估对象的评估结论漂移性的测度。

漂移性测度的基本假设:

假设1 漂移性假设:对同一对象运用多种不同方法分别进行评估时客观上存在着结论的漂移性问题,即评估结论与客观实际存在一定差异,同时不同方法所得结论之间也存在差异。

假设2 相容性假设:不同的评估方法对不同的待评估问题适用程度是有差异的,有些可能是根本不适用的。对某特定待评估问题而言,不适用的方法称为不相容方法,适用的方法称为相容的方法。

假设3 对同一类评估对象,对应有相同的相容方法集。即只要待评估对象的指标体系相同,其所适用的相容方法集亦相同。

假设4 待评估对象的等级差异假设:在实践中同一组内若干个被评估对象客观上存在等级差异。

(2) 漂移性测度方法

通过采用多种评估方法对同一对象进行评估,可以揭示不同评估方法的评估结果的漂移规律,并对漂移性进行测度。具体步骤如图5-1所示。

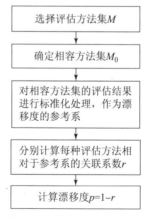

图5-1 漂移性测度的步骤

①确定评估方法,根据评估方法和评估对象的特点,选择合适的评估方法分别进行评估,得到评估结果集 M。

②相容性判断。从 M 中选取某一种评估方法所得到的结果,分别与 M 中

其他评估方法所得到的评估结果作相关性分析,满足设定的显著性水平要求的记为相容。以此方法将每种评估方法之间的相容性进行记录,选择两两相容的所有结果,即为绝对相容方法集,记为 M_j。

除绝对相容方法之外,还存在一些相对相容的评估方法,可以通过模糊灰色关联聚类分析得出。在确定绝对相容方法集后,绝对相容方法集所得到的评估结果作为参考数列,将其他评估方法的评估结果作为比较数列进行模糊灰色关联聚类分析。所有分析结果为相关的评估结果对应的评估方法形成的集合为相对相容方法集,记为 M_x。则 $M_x \cup M_j$ 为相容方法集,记为 M_0。

③求标准化处理以后相容评估方法评估结果的平均值,并作为各种方法评估结果漂移性测度的参照系。

④求各种评估方法标准化处理后的评估值与所有相容评估方法评估结果的平均值的相关系数 r。

⑤求漂移度,将漂移度定义为 $p = 1 - r$。

(3)相容方法集求取步骤

由于不同方法的评估机理不同,不同的评估方法对被评估对象是有偏好的,即有些方法可能对某些评估对象适合,而对另一些评估对象不适合,或适合的程度有所不同。因此,讨论方法的综合问题首先应该研究方法的适用性或相容性。

根据漂移性的关于评估方法的相容性假设,以及漂移性测度的一般步骤,可以得出相容方法集的求取步骤。

①选择的评估方法定义为评估方法集 M。从 M 中选取某一种评估方法所得到的结果,分别与 M 中其他评估方法所得到的评估结果作相关性分析,满足设定的显著性水平要求的记为相容。以此方法将每种评估方法之间的相容性进行记录,选择两两相容的所有方法,即为绝对相容方法集,此时绝对相容的方法集可能不止一个,将方法数量最多的那个集合,记为 M_j。若各个集合的方法数量均相同,只需要选择其中一个集合作为 M_j 然后进行下一步操作。

②除绝对相容方法之外,还存在一些相对相容的评估方法,可以通过模糊灰色关联聚类分析得出。在确定绝对相容方法集后,以绝对相容方法集所得到的评估结果作为参考数列,将其他评估方法的评估结果作为比较数列进行模糊灰色关联聚类分析。所有分析结果为相关的评估结果对应的评估方法形成的集合为相对相容方法集,记为 M_x。

③ $M_j + M_x$ 则为相容方法集,记为 M_0。

具体流程见图 5-2 所示。

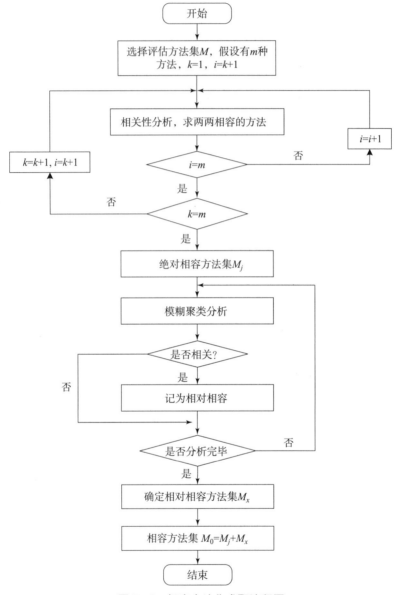

图 5-2 相容方法集求取流程图

以上所描述的绝对相容方法和相对相容方法,均仅限于对同一评估对象进行评估。当评估对象不同,所求得的绝对相容方法集和相对相容方法集也会产生变化。

5.3.1.2 基于斯皮尔曼等级相关系数的评估结果分析

斯皮尔曼相关系数是一个衡量两个变量的依赖性的非参数指标。基于斯皮尔曼等级相关系数的评估结果分析具体方法如下：把评估方法按照评估结果分为 n 个等级 $1,2,\cdots,n$，若两种评估方法对同一个方案的评估结果相同，则两个方法的等级改为两个等级的均值。如果一种方案 i 在第 k 种评估方法下的等级排序用 c_{ki} 表示，在第 l 种方法评估方法下排序为 c_{li}，这两种排序的等级差用 D_i 表示。则等级相关系数的计算方法为

$$e = 1 - \frac{6\sum_{i=1}^{n} D_i^2}{n(n^2-1)} = 1 - \frac{\sum_{i=1}^{n}(c_{ki}-c_{li})^2}{n(n^2-1)} \quad (5-1)$$

式中，n 为方案数目。

当 $e = 1$ 时则认为两种排序结果具有完全一致性，当 $e = 0$，则认为两种评估方法的排序结果完全相反。一般情况下，e 的取值介于（0，1）之间，根据计算 e 的结果，若 $0.85 \leqslant e \leqslant 1$ 则两种排序非常接近，若 $0.65 \leqslant e \leqslant 0.85$ 则两种排序比较接近；$e \leqslant 0.65$ 则两种排序不太接近，需要重新考虑。

5.3.1.3 基于肯德尔和谐系数的评估结果分析

肯德尔和谐系数法是按照被评估对象构成要素所获得的等级以及它们之间的差异大小，来衡量评估方法的评估次序的一致性。如果计算所得的肯德尔和谐系数大，则表明评估方法的评估结果较一致；反之，则表明评估方法之间分歧较大，分歧很大的评估结果，其准确性自然很低。

肯德尔和谐系数的计算公式如下：

$$w = \frac{12\sum_{j=1}^{k} r^2 - 3b^2 k(k+1)^2}{b^2 k(k^2-1)} \quad (5-2)$$

式中，k 为评估方案或评估对象数目，b 为评估方法数，r 为各被评方案的等级之和。

肯德尔和谐系数一般在（0，1）之间。从评估结果的准确性的角度来说，人们希望各种评估法的结果最好趋于一致，而检验结果的一致性，借助肯德尔和谐系数的显著性检验的临界值来决定。

肯德尔和谐系数 w 的显著性检验步骤如下：

（1）建立假设

H_0：k 个变量不一致（$w = 0$）；

H_1：k 个变量一致（$w > 0$）。

（2）确定检验统计量

当 $n \leqslant 7$ 时,检验统计量为

$$S = \sum_{j=1}^{n} (R_j - \bar{R})^2 \qquad (5-3)$$

当 $n > 7$ 时,检验统计量为

$$\chi^2 = b(k-1)w \qquad (5-4)$$

即 χ^2 服从自由度为 $n-1$ 的 χ^2 分布。

(3) 在 α 显著水平下进行统计决策。

当 $n \leqslant 7$ 时,可以通过查询肯德尔和谐系数临界表的 s^* 值,如果 $S \geqslant s^*$,则拒绝 H_0;反之,则接受 H_0。

当 $n > 7$ 时,如果 $\chi^2 \geqslant \chi^2_\alpha(n-1)$ 则拒绝 H_0;反之则接受 H_0。

5.3.1.4 基于变异系数的评估结果分析

设第 i 种评估方法对第 j 个评估方案的评估结果值为 $x_{ij}(i=1,2,\cdots,m;j=1,2,\cdots,n)$,记 $\bar{x}_j = \frac{1}{m}\sum_{i=1}^{m} x_{ij}$,则第 j 个评估方案的评估结果的变异系数 V_j 为

$$V_j = \frac{S_j}{\bar{x}_j} \quad j=1,2,\cdots,n \qquad (5-5)$$

式中

$$S_j^2 = \frac{1}{m-1}\sum_{i=1}^{m}(x_{ij}-\bar{x}_j)^2 \qquad (5-6)$$

V_j 反映了不同评估方法对第 j 个评估方案的差异程度,V_j 越小,评估方法之间越一致。变异系数 V_j 只是说明不同评估方法对第 j 个评估方案的一致性,而前面的 w 则反映了采用的评估方法全体对全部评估方案进行评估的一致程度。

5.3.2 评估结果的组合

评估结果的组合,是指将经过检验分析的多种评估方法产生的评估结果按照一定的方法或原则组合形成新的、满意的评估结果过程,以解决不同综合评价方法对同一批评价对象获得不同评价结果的问题,或者说多评价方法评价结果的非一致性问题。组合评价后一般使用 Kendall 和 Spearman 系数对组合评价进行事后检验。下面分别对评估结果为排序形式结果和数值形式结果两种情况进行说明。

5.3.2.1 基于排序结果的组合

评估结果为排序的组合法通常有平均值法、Borda 法、Copeland 法、改进 Copeland 法、奇异值分解法等。

(1) 平均值法

设 r_{ik} 为 x_i 方案在第 k 种方法下所排的位次 $(i=1,2,\cdots,n;k=1,2,\cdots,p)$。先用排序打分法将每种方法排序的名次转化成分数，$R_{ik}=n-r_{ik}+1$，即第 1 名得 n 分，$\cdots$，第 n 名得 1 分，第 k 名得 $n-k+1$ 分，其中如有相同的名次，则取这几个位置的平均分；然后计算不同方法得分的平均值，再按平均值重新排序。平均值 $\bar{R}_i$ 求法见式 (5-7)。

$$\bar{R}_i = \sum_{k=1}^{p} R_{ik} \qquad (5-7)$$

若有两个方案 $\bar{R}_i = \bar{R}_j$，则计算在不同方法下得分的方差 σ_i，方差小者为优。

$$\sigma_i = \sqrt{\sum_{k=1}^{p}(R_{ik}-\bar{R}_i)^2/p} \qquad (5-8)$$

(2) Borda 法

Borda 法是一种对几种单一评价法的评价排序结果进行组合的有效方法。Borda 法是一种少数服从多数的方法。

设有 n 个评价对象 $x_1,x_2,\cdots,x_n(1\leq i,j\leq n)$ 和 m 种综合评价方法，即每个评价对象都有 m 个评价结果。若评估认为 x_i 优于 x_j 的个数大于 x_j 认为优于 x_i 的评估结果个数，记为 x_iSx_j，若两者个数相等，则记为 x_iEx_j。

定义 Borda 矩阵 $B = \{b_{ij}\}_{n\times n}$。

其中

$$b_{ij} = \begin{cases} 1, & x_iSx_j \\ 0, & \text{其他} \end{cases} \qquad (5-9)$$

再定义方案 x_i 的得分为 $b_i = \sum_{j=1}^{n} b_{ij}$，$b_i$ 即是方案 x_i "优" 的次数，依 b_i 的大小再给 x_i 排序，若有 $b_i = b_j$，按照平均值法法中方差小者为优。Borda 法的主要优点是计算方法简单，且 b_i 有直接的含义；主要缺点是计算结果粗略，没有区分"相等"和"劣"的情况。

(3) Copeland 法

Borda 法比较简单，但因没有区分"相等"和"劣"，也比较粗略。Copeland 法（又称谷轮法）和 Borda 法不同之处是在计算"优"次数同时还要计算"劣"的次数，即定义

$$c_{ij} = \begin{cases} 1, & x_iSx_j \\ 0, & \text{其他} \\ -1, & x_jSx_i \end{cases} \qquad (5-10)$$

再定义方案 x_i 的得分为 $c_i = \sum_{j=1}^{n} c_{ij}$，依 c_i 的大小再给 x_i 排序，若有 $c_i = c_j$，按照平均值法评价结果中方差小者为优。

Copeland 法虽然改进了 Borda 法的主要缺点，但该方法本身仍存在缺陷。Copeland 法虽然把比较结果分为"优""相等"和"劣"三种情况，但是没有进一步区分"优"和"劣"的具体程度，可以对 Copeland 法进一步改进，进一步区分了"优"和"劣"的具体程度。

设有 n 个评价对象 $x_1, x_2, \cdots, x_n$ 和 m 种综合评价方法，第 k 种综合评价方法对第 i 个评价对象的评价排序结果为 r_{ik}，$i = 1, 2, \cdots, n$，$k = 1, 2, \cdots, m$（该排序为正向全排序，即最优的为 1，次优的为 2，依次排序，且没有并列的）。

定义 F 矩阵 $\boldsymbol{F} = \{f_{ij}\}_{n \times n}$

$$f_{ij} = \begin{cases} \left[\dfrac{m+1}{2}\right] & \text{count}\{r_{ik} \mid r_{ik} < r_{jk}, k = 1, 2, \cdots, m\} = m \\ \left[\dfrac{m-1}{2}\right] & \text{count}\{r_{ik} \mid r_{ik} < r_{jk}, k = 1, 2, \cdots, m\} = m - 1 \\ \cdots & \\ 2 & \text{count}\{r_{ik} \mid r_{ik} < r_{jk}, k = 1, 2, \cdots, m\} = [m/2] + 2 \\ 1 & \text{count}\{r_{ik} \mid r_{ik} < r_{jk}, k = 1, 2, \cdots, m\} = [m/2] + 1 \\ 0 & \text{count}\{r_{ik} \mid r_{ik} < r_{jk}, k = 1, 2, \cdots, m\} = m/2 \\ -1 & \text{count}\{r_{ik} \mid r_{ik} < r_{jk}, k = 1, 2, \cdots, m\} = [m/2] \\ -2 & \text{count}\{r_{ik} \mid r_{ik} < r_{jk}, k = 1, 2, \cdots, m\} = [m/2] - 1 \\ \cdots & \\ -\left[\dfrac{m-1}{2}\right] & \text{count}\{r_{ik} \mid r_{ik} < r_{jk}, k = 1, 2, \cdots, m\} = 1 \\ -\left[\dfrac{m+1}{2}\right] & \text{count}\{r_{ik} \mid r_{ik} < r_{jk}, k = 1, 2, \cdots, m\} = 0 \end{cases}$$

其中，count 是一个计数函数，用于计算集合中元素的个数，[ ] 代表取整函数，取不大于该值的最大整数。

定义评价对象 x_i 的新得分为 $f_i = \sum_{j=1}^{n} f_{ij}$，最后根据 f_i 大小对 x_i 重新排序，新的排序结果就是组合评价结果。该方法中，若 x_i 优于 x_j 的评价方法个数越多，则 f_{ij} 的值越大，若 x_i 劣于 x_j 的评价方法个数越多，则 f_{ij} 的值越小。

5.3.2.2 基于评分值的组合

（1）算术平均法

对评估值利用算术平均值法进行组合评估,得出组合评估值 $\bar{R}_i = \sum_{k=1}^{p} R_{ik}$。

算术平均法在进行组合评估时,没有考虑组合权重的差别,只是将多个单一评估值直接求平均,致使组合评估值不能体现不同单一评价方法对组合结果的贡献差异性。

进行算术平均组合时还有一些注意事项,如有些评估方法的评估结果是绝对值越大越好,而有些评估方法的评估结果是绝对值越小越好,组合评估时不能任意算术平均,要考虑不同方法间的相容性。

(2) 模糊 Borda 法

模糊 Borda 法在组合时考虑了两个因素,一是各种方法得分差异的因素,另一个是排序中位次因素,具体步骤为:

1) 计算隶属度

$$u_{ik} = \frac{x_{ik} - \min(x_{ik})}{\max(x_{ik}) - \min(x_{ik})} \times 0.9 + 0.1 \quad (5-11)$$

式中,$i = 1,2,\cdots,n$;$k = 1,2,\cdots,p$;x_{ik} 为 x_i 方案在第 k 种方法下的得分;u_{ik} 可认为是 x_i 在第 k 种方法下属于"优"的隶属度。

2) 计算模糊频率

设模糊频数为

$$f_{ih} = \sum_{k=1}^{p} \delta_{ih} u_{ik} \quad (5-12)$$

其中

$$\delta_{ih} = \begin{cases} 1, & x_i \text{ 在 } n \text{ 个评估对象中排在 } h \text{ 位} \\ 0, & \text{其他} \end{cases}$$

则模糊频率为

$$W_{ih} = \frac{f_{ih}}{R_i} \quad (5-13)$$

式中,$R_i = \sum_{k=1}^{p} f_{ik}$,$w_{ih}$ 反映了得分差异因素。

3) 将被评估对象所排位次转换成位次得分

为拉开得分差距,定义

$$Q_{ik} = \frac{1}{2}(n-h)(n-h+1) \quad (5-14)$$

式中,Q_{ik} 代表 x_i 在优序关系中排在第 h 位的得分。

4) 计算模糊 Borda 数

设模糊 Borda 数为

$$FB_i = \sum_{k=1}^{p} W_{ih} Q_{ik} \qquad (5-15)$$

运用模糊 Borda 法进行组合评估时，每一个评估对象的组合权重都不相同，会带来很多疑问，不利于该方法的推广及应用。此外，在组合评估过程中，如果评估值彼此接近，通常会引起对象对评估方法选取产生怀疑，怀疑结果的公平性，对结果产生分歧。

（3）基于整体差异的评估结果组合方法

对于 n 个待评估方案，m 种评估方法得到的评估结果用矩阵 C 表示（为不失一般性，设 $n \geq 3$，$m \geq 3$），即

$$X = [x_{ij}]_{n \times m} = \begin{bmatrix} x_{11} & x_{12} & \cdots & x_{1m} \\ x_{21} & x_{22} & \cdots & x_{2m} \\ \vdots & \vdots & \ddots & \vdots \\ x_{n1} & x_{n2} & \cdots & x_{nm} \end{bmatrix}$$

选用线性函数对 m 种评估结论进行组合，$Z = (z_1, z_2, \cdots, z_n)^T$ 表示 n 个组合评估对象的组合评估值向量，有

$$z_i = w_1 x_{i1} + w_2 x_{i2} + \cdots + w_m x_{im} (i = 1, 2, \cdots, n) \qquad (5-16)$$

式中，x_{ij} 为第 $i(i=1,2,\cdots,n)$ 个评估方案在第 $j(j=1,2,\cdots,m)$ 种评估方法下的评估值。

组合评估问题可描述为在给定的规则下寻找一个组合权向量 $W = (w_1, w_2, \cdots, w_m)^T$，将 m 维评估结论空间 X 向（组合权向量确定的）一维组合评估结论空间 Z 做投影变换，并将变换结果用于评估方案的最终排序。

算法具体步骤如下：

1）评估值规范化处理

为确保多方法评估结论的可比性，需要对多方法的评估值进行规范化处理，选用标准化处理方法，即

$$y_{ij} = \frac{x_{ij} - \bar{x}_j}{s_j}, i = 1, 2, \cdots, n, j = 1, 2, \cdots, m \qquad (5-17)$$

式中，y_{ij} 为 x_{ij} 标准化的处理后的值；$\bar{x}_j$，s_j 分别表示由第 j 种评估方法得到的 n 个评估值的样本平均值及样本标准差，即

$$\begin{cases} s_j = \sqrt{\dfrac{1}{n-1} \sum_{i=1}^{n} (x_{ij} - \bar{x}_j)^2} \\ \bar{x}_j = \dfrac{1}{n} \sum_{i=1}^{n} x_{ij} \end{cases} \quad j = 1, 2, \cdots, m \qquad (5-18)$$

规范化处理后的评估值矩阵为 $\boldsymbol{Y} = [y_{ij}]_{n \times m}$。规范化处理的目的是为了确保多种评价结论的可加和性。

2）求解组合权向量

可将 m 种评估方法的评估值视为 m 个指标 $y_1, y_2, \cdots, y_m$ 的取值，假设 $y_i = (y_{i1}, y_{i2}, \cdots, y_{im})^T$ 为已经经过规范化处理后第 i 个评价对象的评价值向量，$y_1, y_2, \cdots, y_m$ 为极大型指标，取值越大越好。

$$z = w_1 y_1 + w_2 y_2 + \cdots + w_m y_m = \boldsymbol{W}^T \boldsymbol{y} \quad (5-19)$$

式中，z 为组合评估值变量；$\boldsymbol{W} = (w_1, w_2, \cdots, w_m)^T$ 为待定的组合权向量；$\boldsymbol{y} = (y_1, y_2, \cdots, y_m)^T$ 为描述多评估方法值的 m 个变量。写成矩阵形式，有

$$\boldsymbol{Z} = \boldsymbol{Y}\boldsymbol{W} \quad (5-20)$$

式中，$\boldsymbol{W} = (w_1, w_2, \cdots, w_m)^T$ 按如下原则确定：最大限度地体现不同评估对象之间的整体差异，即选取由 $\boldsymbol{W}$ 确定的投影方向使得 $\boldsymbol{Y}$ 投影至 $\boldsymbol{Z}$ 中的 n 个组合评估值的样本方差最大。方差最大的方向体现了一种"少数服从多数，集体关注"的思想。

对于变量 z 的样本方差为

$$s^2 = \frac{1}{n-1} \sum_{i=1}^{n} (z_i - \bar{z})^2 = \frac{\boldsymbol{Z}^T \boldsymbol{Z}}{n-1} - \frac{n}{n-1} \bar{z}^2 \quad (5-21)$$

因 $y_1, y_2, \cdots, y_m$ 经过标准化处理，可知 $\bar{z} = 0$，对于上式有

$$(n-1)s^2 = \boldsymbol{Z}^T \boldsymbol{Z} = \boldsymbol{W}^T \boldsymbol{H} \boldsymbol{W} \quad (5-22)$$

式中，$\boldsymbol{H} = \boldsymbol{Y}^T \boldsymbol{Y}$，$H$ 为 $y_1, y_2, \cdots, y_m$ 的协方差矩阵（为实对称矩阵）。根据最大限度拉开评估对象档次的"差异原则"，求解 $\boldsymbol{W}$ 的问题转换为如下的规划问题：

$$\begin{cases} \max \boldsymbol{W}^T \boldsymbol{H} \boldsymbol{W} \\ \text{s.t. } \boldsymbol{W}^T \boldsymbol{W} = 1 \end{cases} \quad (5-23)$$

设 H 最大的特征值对应的标准特征向量为 $\boldsymbol{W}' = (w_1', w_2', \cdots, w_m')^T$，特征向量是不分方向的，并且会有 $w_i' \leq 0 (i = 1, 2, \cdots, m)$ 的情况出现，而组合评估中必须要确定组合权向量所标示的投影方向，相反的两个投影方向意味着两套完全相反的组合评估结论，因而要对标准特征向量 $\boldsymbol{W}'$ 进行处理。

确定组合权向量 $\boldsymbol{W}$ 的方法如下：

① 若 $w_i' \geq 0 (i = 1, 2, \cdots, m)$，则取

$$w_i = \frac{w_i'}{\sum_{i=1}^{m} w_i'} \quad (5-24)$$

②若 $w'_i \leq 0 (1, 2, \cdots, m)$，则取

$$w_i = -\frac{w'_i}{\left|\sum_{i=1}^{m} w'_i\right|} \quad (5-25)$$

3) 计算各方案的组合评估值，并按组合评估值大小进行排序。

整体差异法主要算法步骤如下：

Step 1：对原始多个评价方法的结论矩阵进行标准化处理，得到 Y；

Step 2：求解实对称矩阵 H，$H = Y^T Y$；

Step 3：求 H 的最大特征值及相应的标准特征向量 W'；

Step 4：根据标准特征向量 W' 中各分量的取值情况确定组合权向量 W；

Step 5：计算各评价对象的组合评价值；

Step 6：对评价对象按组合评价值大小进行排序。

基于整体差异的客观组合评估法，按照多种评估结论的疏密关系自动优化组合，具有组合结果精确、过程简捷、易编程实现等优点。

(3) 基于兼容度优化模型的评估结果组合方法

通常各种评估方法的方案排序结果都有一定的差异，如何把多种评估方法的排序结果兼容起来，使之能最大限度体现各种评估方法的结果和优点。

记 $h + 1$ 为评价方法数，n 为评价方案数，分别评估后可得 $h + 1$ 种排序结果。

1) 兼容度的概念

根据多元统计分析理论，第 i, j 两个评价方法 $a_k^{(i)}$ 和 $a_k^{(j)}$ 之间的相关程度，可通过等级相关系数来度量

$$r_{ij} = 1 - \frac{6}{n(n^2-1)} \sum_{k=1}^{n} (a_k^{(i)} - a_k^{(j)})^2 \quad (5-26)$$

其中，$a_k^{(i)}$ 表示第 k 种方案在第 i 个评估方法中所排的序数，在等级相关系数意义下评定评估方案的优劣，提出兼容度的概念。

某种评估方法的兼容度，是指该评估方法与其他评估方法的等级相关系数的加权平均值。

据此，第 y 种评估方法与其他 h 个评估方法的兼容度 r_y，可按下式计算

$$r_y = \sum_{j=1}^{h} w_j r_{yj} \quad (5-27)$$

$\sum_{j=1}^{h} w_j = 1$，$w_j > 0$ 为第 j 种评估方法所占的相对权数，通常在对各种评估方法没有特别的偏好时都取 $(1/h)$，显然，若每种评估方法是独立的，某个方法的兼容度较大，则该方案的代表性较强，可靠性较高，它在兼容度意义下

也就较好。

2）兼容度极大优化模型

就是从原 h 个评估方法 $\{a_k^{(j)}\}, j=1,2,\cdots,h$ 的基础上选择一个评估方法，使其兼容度最大，即求

$$\max_y r_y = \sum_{j=1}^{h} w_j r_{yj} \qquad (5-28)$$

设所求的评估方案为 $y = \{y_k\}$，利用等级相关系数的定义得

$$\begin{aligned} r_y &= \sum_{j=1}^{h} w_j \left[1 - \frac{6}{n(n^2-1)} \sum_{k=1}^{n} (y_k - a_k^{(j)})^2 \right] \\ &= 1 - \frac{4n+2}{n-1} + \frac{12}{n(n^2-1)} \sum_{k=1}^{n} \left(\sum_{j=1}^{h} w_j a_k^{(j)} \right) y_k \end{aligned} \qquad (5-29)$$

故有

$$\max_y \{r_y\} = 1 - \frac{4n+2}{n-1} + \frac{12}{n(n^2-1)} \cdot \max_y \left\{ \sum_{k=1}^{n} \left(\sum_{j=1}^{h} w_j a_k^{(j)} \right) y_k \right\} \qquad (5-30)$$

上式求最大是关于 y 取 $1,2,\cdots,n$ 的任意排列而言。可以用数学归纳法证明，y_k 的取值规律按 $\sum_{j=1}^{h} w_j a_k^{(j)}$ 递增方式排序而相应取 $1,2,\cdots,n$。

求出各种评估方法的排序结果，把各种排序结果兼容起来的结果会更加可靠，更加科学，对评估结果的不一致性具有较强的实用性。

5.4　自动步枪系统效能综合评估应用

选择 4.3 节中城市作战环境下 5 种自动步枪在四种不同评估方法下获得的系统效能，开展自动步枪系统效能的综合评估应用研究及实例验证。

由 5.3.1.3 中公式（5-2）和（5-3）可分别计算出方案评估结果集的肯德尔和谐系数为 0.963，弗里德曼双向等级方差检验（又称 Friedman 检验、弗里德曼双向评秩方差分析，基本思想是独立对每一个区组分别对数据进行排秩，消除区组间的差异以检验各种处理之间是否存在差异）结果为 19.36，渐近显著性为 0.01，均满足一致性条件，表明四种评估方法对 5 种自动步枪的评估排序结果基本一致，没有呈现出显著性差异。

表 5-1 为评估结果集的漂移度和平均等级相关系数分析结果。

表 5-1　多种自动步枪系统效能评估结果集漂移度、相关系数分析结果

一致性指标	①加权和法	②理想解法	③改进灰色关联法	④雷达图法
漂移度	0	0.037	0	0
相关系数	1.000	0.9	1.000	1.000

判断阈值：漂移度不大于 0.1，平均相关系数大于 0.85 则视为具有可综合性。

表 5-2、表 5-3 分别为采用两种典型评估结果综合方法得出的综合评估结果及其排序值。

表 5-2　评估结果集综合结果

综合方法	综合评估结果				
	枪 1	枪 2	枪 3	枪 4	枪 5
整体差异法（评分值）	0.614 5	0.503 7	0.517 8	0.500 2	0.715 4
改进 Copeland 法（排序值）	2	-2	0	-4	4

表 5-3　评估结果集综合排序

综合方法	综合排序值				
	枪 1	枪 2	枪 3	枪 4	枪 5
整体差异法	2	4	3	5	1
改进 Copeland 法	2	4	3	5	1

两种综合方法获得了完全一致的综合评估结论，排序结果与前述四种方法的趋势一致，即从优到劣分别是方案五、方案一、方案三、方案二、方案四，这个综合评价结果也很好的代表了对几种自动步枪系统效能的综合评价。当然，也有可能存在一定差别，若有不同，一般还要计算不同方法间的 Spearman 等级相关系数，一般可用每种方法与其他方法的 Spearman 等级相关系数平均值表示。该值越高，表示该方法与其他方法结果一致性越高。各种组合方法与其他单一方法相比，在整体上与各个方法相比具有更好的一致性。

第6章
自动步枪系统效能元评估

6.1 元评估的概念

元评估的概念最初是由美国评估理论专家 Michael Scriven 在 1969 年的教育产品报告中首次提出。"元"作为一个词缀，最初来自希腊前缀"meta-"，取其对本质探究之意。元评估（meta-evaluation）亦称为评估的评估，其实质就是评估的综合，是对评估本质的探究。它是元科学的一个分支，是对原评估科学性的评估，即将已有的评估（可称为原评估，英文为 primary-evaluation）活动作为研究对象，那么，元评估的客体就是原来的评估。原来的评估不单只是评估结论，而是包括评估结构、评估过程、评估结论在内的系统。评估过程又内在的包括评估方案的设计、评估信息的获取、评估方法模型的选择等。因此，认为元评估是对评估的结构、过程、结论进行全面系统地再评估，以修正评估结论，改进评估活动的过程。

元评估作为一种评估，以一般评估活动为对象，它的关注点是评估指标结构是否科学，评估实施过程是否规范，评估数据采集是否准确，评估主体的意见是否客观一致等。元评估通过对评估结构、评估过程和评估结论的再考查，向原来评估主体指出评估过程中存在的各种偏差，提高评估的可信性。

元评估应比原评估站得更高，看得更远，视野更开阔。元评估活动要以元科学理论为指导，以元研究（meta-research）成果为依据，实现周密的分析和高度的综合。评论和估价是不可偏废的两个方面，在元评估活动中，切实把两者辩证结合起来。同时，元评估活动必须遵守一定的原则、程序和方法。否则，元评估方法就会失去它应有的功能。

元评估具有对原来评估偏差控制的功能。具体包括：

（1）检测评估偏差。元评估通过方差法、肯德尔和谐系数法等分析原评估的一些数据和流程，能够识别原来评估的偏差环节；

（2）纠正评估偏差。元评估在偏差识别的基础上运用统计方法和其他各

种方法,对原来评估的偏差原因进行分析,对偏差值进行计算,从而对评估偏差予以纠正;

(3) 反馈评估偏差。元评估是通过征求对一项评估或一组评估的不同看法来获得更广泛的意见,然后向原来评估的主体指出他们评估中存在的问题,并向他们提供建设性的意见和有价值的信息,从而提高评估的整体质量。

如果任何一个评估结论是经得起推敲,就必须通过元评估。目前元评估主要运用统计和其他方法来估计产生的偏差对评估结论的影响。但是,应看到,元评估所指的偏差并不局限于统计性质,评估主体的心理认知失当,对评估问题的理解错误,以及运用的评估模型的手段等因素都是造成评估偏差的原因。因此,不能指望仅从统计方法上对评估结果作出过于简单的解释。元评估应综合包括统计等在内的多种方法,着眼于评估过程中偏差来源的多个环节,有针对性地通过不同的方式和方法对评估过程和评估结论进行再测评。

元评估,即对评估的再评估。它是以已有的评估活动及结果为对象,从整体上多视角地进行反思认识,进而对其可信度(可靠性)作出客观、科学、全面的评估结论。

针对自动步枪系统效能的评估过程和特点,结合元评估的思想构建自动步枪系统效能评估的元评估框架,如图 6-1 所示。

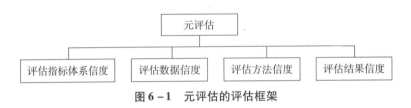

图 6-1 元评估的评估框架

针对整个评估过程,要想描述评估可信度,需要考虑的主要指标有评估指标体系信度、评估数据信度、评估方法信度和评估结果信度等主要四类要素的信度。

信度是指测试结果的可信程度,信度分析主要是使得评估更为科学、合理、全面、可信。因此元评估的总信度是反映评估可信程度的一组综合指标,用 Rel 表示:

$$Rel = Cre(idx, data, method, res)$$

其中 Cre(*) 代表评估要素 * 的信度度量复合函数,idx、dat、met、res 分别是评估指标体系要素、评估数据要素、评估者方法要素、评估结果要素。

系统效能评估可信度可以看做评估指标体系、评估数据、评估方法和评估结果等 4 个因素的累积影响,是一种串联情形。假设评估指标体系的可信度用

Cre(idx) 表示,评估数据的可信度用 Cre(data) 表示,评估方法的可信度用 Cre(met) 表示,评估结果的可信度用 Cre(res) 表示,那么待评估样本的综合评估可信度一般可看做比较符合短板理论,因此有

$$Rel = Cre(idx, data, method, res)$$
$$= \min\{Cre(idx), Cre(data), Cre(met), Cre(res)\}$$

而且可以预设可信度为 0.75,若所有四个要素的信度都满足 ≥ 0.75,则待评估样本的元评估的可信度 ≥ 0.75,达到可信要求。

6.2 评估指标体系的信度

评估指标体系的信度是所有评估指标的实用性、可行性、合理性的可信程度。高信度的评估指标体系应该是评估指标之间独立、内部结构良好、指标关系一致的体系。在元评估过程中,可以通过对评估指标计算克朗巴赫(Cronbach)内部一致性系数来考察评估指标体系的信度,克朗巴赫内部一致性系数能够准确地反映出评估指标的一致性程度,内部结构的良好性和指标之间的组合科学合理。克朗巴赫内部一致性系数计算比较方便,它是目前评估中使用最广泛的信度评估方法。克朗巴赫系数 α 计算公式为

$$\alpha = \frac{K}{K-1}\left[1 - \frac{\sum S_i^2}{S^2}\right] \quad (6-1)$$

式中,α 为克朗巴赫系数;K 为评估指标体系所含的指标个数(当评估指标体系包含若干个子指标层时,K 为子指标层所含的指标总数);S_i 为各指标得分的标准差;S_i^2 为第 i 个指标得分的方差;S^2 即是评价总得分的方差。α 取值在 0~1 之间,越大则信度越高。一般认为,α 需达到 0.8 以上,评估指标 α 的值越接近于 1,则表明评估指标体系信度越高,评估结果可靠性越高。

6.3 评估数据的信度

评估数据的信度是影响系统效能评估信度的一个关键因素。评估数据的信度是指评估数据反映被评估对象的特征真实程度的指标,即数据的准确性。

系统效能评估中用到的评估基础数据因为来源不同、使用方法等不同,需要进行适当的分类处理,一般来说主要区分为装备性能数据和专家评估数据两类。

(1) 装备性能数据

依据数据来源的权威性,把装备性能数据的可信性分为可信(0.95)、基

本可信（0.8）、可用（0.7）、基本可用（0.6）四级。装备性能数据分为我军装备性能数据和外军装备性能数据。我军装备性能数据主要来自我军各个军兵种研究院所提供的各种实弹、实车相关数据、各类装备教材或技术规范，此类评估数据属于可信。而外军装备性能数据主要是通过网络、其他来源等渠道搜集的各种情报数据的汇总，也具备较高的真实性，评估数据属于基本可信。

（2）专家评估数据

专家评估数据主要针对一些主观性较强的指标，需要专家评估确定并赋值，其可信性可以用方差分析亦称变异数分析来测量。

变异系数是利用专家总体对指标的打分数据，衡量专家总体对指标打分的一致性程度。设第 i 个评估者对第 j 个评估指标的评分值为 x_{ij}（$i = 1,2,\cdots,m$；$j = 1,2,\cdots,n$），记 $\bar{x}_j = \frac{1}{m}\sum_{i=1}^{m} x_{ij}$，则第 j 个评估指标的评估结果的变异系数 V_j 为

$$V_j = \frac{S_j}{\bar{x}_j} \quad j = 1,2,\cdots,n \tag{6-2}$$

式中

$$S_j^2 = \frac{1}{m-1}\sum_{i=1}^{m}(x_{ij} - \bar{x}_j)^2 \tag{6-3}$$

V_j 反映了不同评估者对第 j 个评估指标的差异程度，V_j 越小，评估者之间的意见越一致。变异系数 V_j 只是说明不同评估者对第 j 个评估指标的一致性，一致性越大，任务可信性越高。

（3）评估数据信度的定量化

最终评估数据的信度可以采用评估指标数量×可信度度量值求和进行度量。

6.4 评估方法的信度

评估方法的信度是指评估方法在多大程度上描述了评估对象的特征范畴并反映了评估目的，即评估指标、评估机理、评估结果反映评估对象客观要素的准确性程度。评估方法信度的评定主要通过经验判断进行，可以请熟悉的专家来评判，确定评估方法与所需评估的内容范畴之间关系的密切程度来进行。评估方法信度评估可用"相关比"来表示

$$CVR = \frac{ne - N/2}{N/2} \tag{6-4}$$

式中的 ne 为评估主体中认为某评估方法很好地评估了对象的评估人数；N 为评估主体的总人数。这个公式表明，当认为评估方法适当的评估人数不到半数时，CVR 是负值。如果所有评估者都认为评估方法不当时，CVR = -1；当评估者中认为评估方法适合和不合适的人数对半时，CVR = 0；当所有评估者都认为评估方法的选择很好时，CVR = 1。

6.5 评估结果的信度

对评估结果的信度分析，需要多次评估的结果。在基于元评估的评估框架下，经过多种评估方法下得到的多个评估结果，利用评估结果的变化情况，反映评估结果可信度的走势。一般采用肯德尔和谐系数进行检验。

采用肯德尔和谐系数将组合的评估结果与原来多种评估方法得到的评估结果一起进行检验。肯德尔和谐系数法（KENDLL - W）是按照被评估对象构成要素所获得的等级以及它们之间的差异大小，来衡量评估方法的评估次序的一致性。肯德尔和谐系数的计算公式见式（6-5）。

$$W = \frac{12S}{m^2(n^3 - n)} \qquad (6-5)$$

式中，n 为评估方案或评估对象的数目；m 为评估方法数；S 为第 j 个评估方案所获得的等级 R_j 与所有评估方案等级的平均数 $\bar{R}_j$ 之差的平方和，即

$$S = \sum_{j=1}^{n}(R_j - \bar{R}_j)^2 = \sum_{j=1}^{n} R_j^2 - \left(\sum_{j=1}^{n} R_j\right)^2 / n \qquad (6-6)$$

R_j 是将第 i（$i = 1,2,\cdots,m$）种评估方法对各个方案的评估结果 r_{ij}（$j = 1,2,\cdots,n$）按从小到大排序给予的评估等级 A_{ij} 的总和，即 $R_j = \sum_{i=1}^{m} A_{ij}$。

（1）同一评估方法的评估结果没有相同，即按照按从小到大排序给予的评估等级评定没有相同（评价等级单调）时的计算公式为式（6-5）。

（2）当评价等级不单调时，即评价结果中出现相等时，式（6-5）需作如下修改。

$$W = \frac{12S}{m^2(n^3 - n) - m\sum_{i=1}^{m} T_i} \qquad (6-7)$$

式中，$T_i = \sum_{j=1}^{m_i}(n_{ij}^3 - n_{ij})/12$，$m_i$ 为第 i 种评估方法的评估结果有重复等级的个数；n_{ij} 为第 i 种评估方法的评估结果中第 j 个重复等级的相同等级数。

对于评定结果无相同等级的评估方法 $T_i = 0$，因此只需针对评估结果有相

同等级的评估方法计算其 T_i。

肯德尔和谐系数一般在（0，1）之间，肯德尔和谐系数 W 越接近于1，其评估结果信度越高。一般来说，该系数大于或等于0.70，认为其一致性较高；在 0.35~0.70 之间，认为其一致性可以接受；小于0.30 则较低。通过肯德尔和谐系数可以判断评估结果信度是否可以接受，评估结果是否比较一致，即评估结果的可靠性是否比较稳定。从评估结果的准确性的角度来说，人们希望各种评估方法的结果最好趋于一致，而检验结果的一致性，可借助肯德尔和谐系数的显著性检验的临界值来决定。

显著性检验可分为2种情况。

（1）当评估方法数在 $3 \leqslant m \leqslant 20$ 之间，且评估对象（评估方案）数 $1 \leqslant n \leqslant 7$，计算 S 值并与"肯德尔一致性系数 S 临界值表"中的临界值比较，若 S 值不小于临界值，则评估主体之间的意见一致，否则不一致。

（2）当评估方法数 $m > 20$，或者评估对象（评估方案）数 $n > 7$ 时，则应对 W 值作 χ^2 检验，$\chi^2 = m(n-1)W$。

6.6 自动步枪系统效能元评估应用

根据3.7节自动步枪系统效能指标体系，4.3节典型自动步枪系统效能评估应用，5.4节自动步枪系统效能综合评估应用，对其评估过程和评估结果等进行元评估，对其信度进行分析。

（1）评估指标体系信度

评估指标体系的信度是邀请10名专家对自动步枪系统效能评估指标体系每个指标的实用性、可行性、合理性进行打分评定，以实际评估中使用到得二级指标作末级指标为例，可知 $K = 37$，即评估指标体系底层指标一共有37个。计算每个指标的得分的标准差 S_i，S_i^2 是第 i 个指标得分的方差，S^2 为评价总得分的方差。

采用克朗巴赫内部一致性系数进行信度分析，计算该评估指标体系的克朗巴赫系数 α 为

$$\alpha = \frac{K}{K-1}\left[1 - \frac{\sum S_i^2}{S^2}\right] = 0.862$$

则 α 取值大于0.8，表明实际评估时选用的自动步枪系统效能评估指标体系的信度较高。

（2）评估数据的信度

首先根据装备性能数据的可信级别定义可信（0.95）、基本可信（0.8）、可用（0.7）、基本可用（0.6）。根据需要评估的5种自动步枪的24个装备性

能指标，共 24×5=120 个数据，分别统计后可信数据有 45 个，基本可信数据有 75 个。另根据自动步枪系统效能评估指标体系中其他效率和适应能力指标主要为专家评定指标，7 个适应能力的变异系数分别为 0.91，0.9，0.84，0.89，0.73，0.86，0.83；环境隐蔽性的变异系数为 0.77，完备率、机动效率、生存率、维修备件保障能力、维修保障水平等专家评分指标的变异系数经计算分别为 0.82，0.84，0.89，0.81，0.75。

计算评估数据的信度 β，可得

$$\beta = (45 \times 0.95 + 75 \times 0.8 + 5 \times 0.91 + 5 \times 0.9 + 5 \times 0.84 + 5 \times 0.89 + 5 \times 0.75 + 5 \times 0.86 + 5 \times 0.83 + 5 \times 0.77 + 5 \times 0.82 + 5 \times 0.84 + 5 \times 0.89 + 5 \times 0.81 + 5 \times 0.75)/(37 \times 5)$$

$$= 0.848$$

则 β 取值大于 0.8，表明自动步枪系统效能评估数据的信度较高。

（3）评估方法的信度

在这次自动步枪系统效能评估中，邀请 10 位熟悉自动步枪效能评估的的专家来进行评判，经统计有 9 位专家认为采用的四种评估方法与所需评估的内容范畴之间关系密切。经计算 CVR 值为

$$CVR = \frac{ne - N/2}{N/2}$$

$$= (9 - 10/2)/(10/2)$$

$$= 0.8$$

可见 CRV=0.8，反映采用的四种评估方法对于自动步枪系统效能评估的紧密度较高，可信度较好。

（4）评估结果的信度

采用 4 种评估方法对 4 种自动步枪的系统效能评估得到的评估结果和采用组合方法得到的评估结果汇总如表 6-1 所示。

表 6-1 自动步枪系统效能评估结果

自动步枪型号 评估结果	枪 1	枪 2	枪 3	枪 4	枪 5
加权和法	0.8030	0.7332	0.7367	0.7259	0.8297
理想点法	0.4552	0.2305	0.2675	0.2320	0.7172
灰色关联分析法	0.6246	0.6582	0.6545	0.6604	0.5975
雷达图法	0.9358	0.8545	0.8585	0.8459	0.9669
某组合评估法	0.8343	0.7221	0.7933	0.7156	0.8576

将表 6-1 中的评估结果转换为由高到低进行等级排序（1、2、3、4、5），得到反映自动步枪系统效能的评价等级结果，如表 6-2 所示。

表 6-2 自动步枪系统效能评估结果等级排序情况

自动步枪型号 评估结果	枪 1	枪 2	枪 3	枪 4	枪 5
加权和法	2	4	3	5	1
理想点法	2	5	3	4	1
灰色关联分析法	2	4	3	5	1
雷达图法	2	4	3	5	1
组合评估法	2	4	3	5	1

根据表 6-2，计算肯德尔和谐系数，先求 R_j，可得 $R = [10, 21, 15, 24, 5]$；再计算 S，有

$$S = \sum_{j=1}^{n} R_j^2 - \left(\sum_{j=1}^{n} R_j\right)^2 / n$$
$$= 242$$

于是有

$$W = \frac{12S}{m^2(n^3 - n)}$$
$$= 0.968$$

由 $W = 0.968$ 可以看出，5 种评估方法的结论有较大的一致性。下一步就是要完成对肯德尔系数的显著性检验。当 $m = 5, n = 5$，经查《肯德尔和谐系数（W）显著性临界值表》，得检验水平分别为 $\alpha = 0.01, \alpha = 0.05$ 的临界值分别为 $S_{0.05} = 112.3, S_{0.01} = 142.8$，可知 $S > S_{0.05}, S > S_{0.01}$，故 W 达到了 0.01 的显著性水平，从而判断该次自动步枪系统效能的评估结果具有较高的一致性。

（5）自动步枪系统效能的元评估

$$\text{Rel} = \text{Cre}(\text{idx}, \text{data}, \text{method}, \text{res})$$
$$= \min\{\text{Cre}(\text{idx}), \text{Cre}(\text{data}), \text{Cre}(\text{met}), \text{Cre}(\text{res})\}$$
$$= \min\{\alpha, \beta, \text{CRV}, W\}$$
$$= \min\{0.862, 0.848, 0.8, 0.968\}$$
$$= 0.8$$

可以预设可信度为 0.75，所有四个方面都满足 ≥0.75，则待评估对象的元评估的可信度 ≥0.75，达到可信要求。

第 7 章
自动步枪体系贡献率评估

在未来战争模式中,各类武器装备相互集成协作,形成体系作战能力。体系作战能力不仅取决于单个装备的先进性,还与体系内各个装备能否相互配合,充分发挥体系作战效能密切相关。因此,考虑发展新型装备时,不仅需要评估新武器装备的系统效能,还需衡量新型装备对武器装备体系的体系贡献率,以作为评价其是否发展的重要指标。体系贡献率评估为新型装备的发展论证提供了决策支持。

7.1 基本概念

贡献率的概念最早应用于经济领域,主要作为衡量经济效益的指标,既可以表示有效或者有用产出数量与资源消耗及占用量之比(即投入与产出之比),也可以分析经济总体中各部分对经济总体增长的作用大小(即局部占总体之比)。

装备体系贡献率的提出是为了满足装备体系化建设与体系化运用的要求,是解决当前装备发展建设中综合集成不够、体系权衡不够、体系动态可执行能力急需加强等问题的需要。在装备体系研究领域中,装备体系贡献率属于一种装备体系综合评估技术,是在体系能力、体系效能、经济性等多方面评估基础上的综合评估分析。

在本书中,将装备体系贡献率定义为:单项装备在典型体系对抗场景下,按照体系化建设与体系化运用的要求,对完成规定作战任务等方面的属性表现,所具有的贡献作用或影响程度大小。在此定义中,主要强调了以下几点:

(1)装备体系贡献率是通过典型体系对抗场景表现出来的,说明了装备的贡献作用并非抽象的概念,而是具有特定的问题背景和边界条件。同时,典型体系对抗场景对应的也是单项装备的主要使命任务。

(2)体系化建设与体系化运用的要求是构建装备体系,作战体系的重要依据,是评估体系贡献率时必须考虑的内容,主要包括与其他装备之间在战技性能、数量规模、比例关系、运用方式等方面的关系。只有按照体系化的要求，才能有助于体系成为一个有机、协调的功能整体。

（3）完成规定作战任务是装备体系的根本目的，也是体系贡献率评估的重要出发点，这就决定了所谓的贡献率主要是对完成规定作战任务的贡献作用。只有有助于提高完成作战任务方面的表现，才能说具有明显的体系贡献率。

（4）属性表现指的是描述完成规定作战任务方面的一种通用指标，既可以是完成作战任务的直接表现（如体系能力、体系效能等），也可以是其中的间接表现（如经济性、自身损失等）。

（5）装备体系贡献率评估需要采用定性与定量相结合的方法，尤其突出量化分析的作用，直观表示装备体系贡献率的高低。

在上述装备体系贡献率定义基础上，根据评估角度与内容重点的不同，还可以细化出其他贡献率概念，如表7-1所示。

表7-1 装备体系贡献率的细化概念

评估重点	贡献率概念	具体内涵	备注
针对评估对象的范围大小	整体贡献率	单项装备对于装备体系整体的贡献作用大小	基于装备体系的整体表现分析单项装备的体系贡献率，考虑了与装备体系中其他装备的交互影响，所得结论较为全面
	局部贡献率	单项装备对于装备体系的局部，或在部分作战过程环节中的贡献作用大小	基于装备体系的部分表现或局部表现分析单项装备的体系贡献率，便于突出待评装备的功能特征，针对性较强
针对贡献作用的具体表现	直接贡献率（或显式贡献率）	单项装备在装备体系的属性特征中，直接表现出的贡献作用大小	基于装备体系的属性特征直接评估单项装备的体系贡献率，适用于单项装备是装备体系的执行终端，或表现为直接提高装备体系的整体属性特征
	间接贡献率（或隐式贡献率）	单项装备在支撑装备体系的属性特征中，所表现出来的贡献作用大小	适用于单项装备的贡献作用在装备体系整体属性特征中没有直接表现，而是表现为支撑体系中其他装备系统的功能发挥

对于不同的体系贡献率概念，在具体评估问题中，应结合相应装备的功能特点，设置的体系背景综合分析，选择既能够体现待评估装备的贡献作用，又

便于评估分析的定义形式。此外，对于每项装备的体系贡献率，都需要结合上述概念进行细化定义，明确针对什么的贡献作用，贡献作用表现在哪些方面，体系贡献率的具体指标选择等问题。

考虑到装备体系是一个包含层级较多，体系结构关系复杂，不断演化的复杂系统，装备体系贡献率与其他领域贡献率概念相比，具有以下几方面典型特征：

（1）层次性

指随选择的装备体系层次不同（如联合火力打击装备体系或空战装备体系，全军装备体系或军兵种装备体系），同一装备的体系贡献率结果也会不同。层次性直接决定了贡献率评估的角度和出发点。评估的层次越高，对比的装备也就越多，得到的结果愈加全面；评估的层次越低，对比的装备也就越少，得到的结果便愈加局限。这说明，为全面评估一型装备的体系贡献率，需要在不同层次，多个角度进行，这样才有助于得到全面深入的结论。

（2）相对性

指针对的典型体系对抗场景（如作战对手、作战样式、作战区域、战场环境等）不同，得到的贡献率结果也会不同。根据装备体系贡献率的定义，改变了采用的体系对抗场景，相当于改变了具体的评估问题，所以得到的体系贡献率结果必然不同。同时，相对性也指贡献率结果更多的在于不同装备之间的相对比较，绝对数值大小并不具太多意义，更不能表示单项装备在体系属性中所占的"份额"（或所谓的"绝对贡献率"）。

（3）演化性

指随着时间的推移，考虑问题边界条件的变化，装备体系贡献率也会发生变化，并非绝对不变的。这里所谓的边界条件既包括承担的使命任务及相应要求，也包括所处装备体系中的其他装备情况。这说明，在一型装备从概念提出，到立项综合论证、具体研制、服役的不同阶段，都有必要开展装备体系贡献率分析，随时掌握装备在全军装备体系中的位置，从而支撑不同阶段的决策。对于得到的具体贡献率结果，也需要说明评估采用的各种边界条件。

（4）相关性

指装备体系中各项装备的体系贡献率是相互关联的，当其中任一装备的状态（如战技指标、数量规模等）发生变化或增删某项装备时，其他装备的体系贡献率也会随之变化。从装备体系构成而言，这是由体系结构中的各种交互关系决定的，即任一装备状态的变化都有可能影响到其他装备在完成作战任务中的功能发挥。这说明，不能就单项装备自身评估其贡献率高低，而应从装备体系全局分析。同时，装备体系贡献率评估与装备体系设计优化也是协调统一的，要达到装备体系结构的优化，单项装备的体系贡献率也应达到特定的大小。

装备体系贡献率的这些特征说明，对于得到的体系贡献率结果，一定要说明评估分析的边界条件，注意所得结果的适用范围。在支撑装备发展建设决策时，要针对决策问题实际开展评估，保证所得结论科学、可信。

7.2 体系贡献率的度量方法

评估新型装备的体系贡献度，可分别从以下三种情形进行考虑：

（1）原装备体系中加入新型装备后，评估新型装备对原有装备体系的贡献；

（2）用新型装备替换原装备体系中的老装备，计算新型装备对原有装备体系的贡献；

（3）新型装备采用不同编制数量及作战策略，评估某类新型装备或某一新型装备对原有装备体系的贡献。

目前关于体系贡献率的评估，甚至是其他领域的评估问题，基本上都是采用解析计算的方法。例如，目前一个比较权威的、常见的体系贡献率计算方法如下所示。

$$\text{装备 A 的体系贡献率} = \frac{\text{增加装备 A 后体系的贡献量} - \text{增加装备 A 前体系的贡献量}}{\text{增加装备 A 前体系的贡献量}}$$

装备 A 对装备体系的贡献率是指用于度量装备 A 后系统在使命任务环境中对体系作战能力（效能）的贡献程度，简称体系贡献率，体现新装备的军事价值大小，本质上是小体系对大体系的贡献程度。

考虑到体系贡献率评估的一个重要目标是为体系优化提供决策依据。而体系作战能力（静态或固有属性）和作战效能（动态属性）均可作为体系结构优化的目标，为此可从静态和动态两方面来度量体系贡献率。

（1）装备对体系作战能力的贡献率（静态属性）

设某装备或系统为装备体系的一个组分，其中体系作战能力为 E_1，该装备在体系中可发挥的作战能力为 E_2，则该装备或系统对体系作战能力的贡献率为

$$C_j = \frac{E_2}{E_1} \times 100\% \tag{7-1}$$

显然，$C_j \geq 0$；特别地，若 $C_j = 0$，说明该型装备对体系作战能力没有贡献。

一般来说，武器装备体系作战能力是由侦察预警、指挥控制、火力打击、综合保障等单项能力的综合体现。因此，装备度对体系各单项能力的贡献率可描述如下：

$E_{1i}(i=1,2,\cdots,k)$，对应该装备体系某单项能力；

$E_{2i}(i=1,2,\cdots,k)$，对应体系内某装备或系统该单项能力，则该装备或系统对体系单项能力的贡献率为

$$C_i = \frac{E_{2i}}{E_{1i}} \times 100\% \tag{7-2}$$

（2）装备对体系作战效能的贡献率（动态属性）

设某装备或系统为装备体系的一个组分，其中装备体系产生的作战效能为 E_t，该装备或系统在体系中发挥的作战效能为 E_z，则该装备或系统对体系作战效能的贡献率为

$$C_d = \frac{E_z}{E_t} \times 100\% \tag{7-3}$$

7.3 体系贡献率的评估流程

面向武器装备的发展论证，综合考虑装备体系贡献率的评估，构建了武器装备的体系贡献率评估流程，从分析使命任务出发，在典型体系对抗场景下开展评估，一般称为"五步法"，即使命任务分析、对抗场景设置、评估指标梳理、评估矩阵确立，以及定性定量计算分析。评估步骤如图7-1所示。

7.3.1 使命任务分析

使命任务主要可用来描述作战任务的组成，任务属性及相互关系等内容，梳理武器装备体系包含的主要作战任务。为了细化使命，可以梳理支撑使命所需的作战任务，并对作战任务进行分解，直至满足贡献率评估的需要。通过分析装备项目的使命任务，以此作为开展体系贡献率评估的初始输入，主要内容包括：

（1）根据在装备体系中的定位，分析装备项目承担的使命任务，包括可能的作战地域，作战对象，参与的联合作战样式等。归纳典型作战任务种类，建立作战任务清单。

（2）按照可以完成相同作战任务，分析其他功能类似装备，作为对比分析对象。

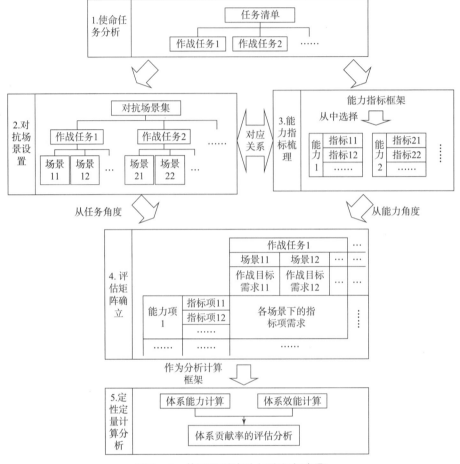

图 7-1 体系贡献率分析流程与步骤

7.3.2 对抗场景设置

对抗场景是指采用武器装备体系进行对抗的可能情况,用于描述敌方、我方、环境所组成的作战交互概况,梳理作战过程包含的主要作战任务。按照作战任务清单中的使命任务,设置典型体系对抗场景,作为任务分析的背景与依据。主要内容包括:

(1) 针对作战任务清单中的每项任务,结合军事斗争准备实际,设置若干典型体系对抗场景。包括:军事背景、装备体系构成、体系对抗过程等内容。在军事背景中,设置作战时间、作战对手、作战区域、战场环境、任务样式、使命任务目标等。在装备体系构成中,设置对抗双方或多方的装备体系,包括装备种类、数量规模、编配编组、初始部署等。在体系对抗过程中，分解详细的作战阶段，行动环节等。

（2）按照对抗场景的作战任务目标，选择可以描述装备体系完成作战任务程度的指标作为体系效能指标。体系效能指标应选择能够描述装备体系完成作战任务整体情况的指标，而不是装备项目自身的性能指标。

7.3.3 能力指标梳理

作战能力是衡量武器装备作战潜能的重要指标，根据分析力度，作战能力可以逐层分解。针对使命任务，分析装备项目可以支撑的体系指标种类，作为能力分析的主要依据。主要内容包括：

（1）根据使命任务分析，确定能力指标体系，形成能力指标框架。
（2）从能力指标框架中选择装备项目支撑的能力项。
（3）针对每个能力项，选择若干指标项作为重点评估分析内容。

7.3.4 评估矩阵确立

根据建立的任务清单与能力指标体系，确定支撑任务实现的对应能力指标，作为任务完成度分析的依据。建立"能力—任务"矩阵，作为体系贡献率评估的基本分析框架。主要内容包括：

（1）分析体系能力与效能对作战任务的支撑关系。对于支撑关系，应明确一项体系能力可以支撑哪些作战任务及一项作战任务需要哪些体系能力支撑。

（2）根据使命任务目标，分析对体系能力指标的具体需求。对于体系能力指标项的需求，应按照相互独立的原则，根据各阶段使命任务目标，分析对各指标项的需求。

（3）根据使命任务目标，分析对体系效能指标的具体需求。对于体系效能指标的需求，应将使命任务目标转换为体系效能指标形式。当以分级形式描述时，应给出每个级别的具体含义及分级依据。

建立的"能力—任务"矩阵用于分析体系能力对作战任务的支撑关系。建立的"能力—任务"矩阵形式如表 7-2 所示，其中能力包含多个层次，底层能力有对应的能力指标，作战任务根据不同的场景对作战能力的要求也不一样。这样通过建立的"能力—任务"矩阵，可以通过指标的汇聚达到分析武器装备对整体任务实现的贡献率。

表7-2 "体系能力——作战任务"矩阵示意

一级能力C1	二级能力	三级能力	指标	作战任务T1			作战任务T2		
				体系对抗场景T11 效能指标 $t_1, t_2, \cdots$ 优：值域范围 良：值域范围 中：值域范围 差：值域范围	体系对抗场景T12 效能指标 $t_1, t_2, \cdots$ 优：值域范围 良：值域范围 中：值域范围 差：值域范围	……	体系对抗场景T21 效能指标 $t_1, t_2, \cdots$ 优：值域范围 良：值域范围 中：值域范围 差：值域范围	体系对抗场景T22 效能指标 $t_1, t_2, \cdots$ 优：值域范围 良：值域范围 中：值域范围 差：值域范围	……
	二级能力C11	三级能力C111	指标M1111	优：值域范围 良：值域范围 中：值域范围 差：值域范围	优：值域范围 良：值域范围 中：值域范围 差：值域范围	……	优：值域范围 良：值域范围 中：值域范围 差：值域范围	优：值域范围 良：值域范围 中：值域范围 差：值域范围	……
			指标M1112	优：值域范围 良：值域范围 中：值域范围 差：值域范围	优：值域范围 良：值域范围 中：值域范围 差：值域范围	……	优：值域范围 良：值域范围 中：值域范围 差：值域范围	优：值域范围 良：值域范围 中：值域范围 差：值域范围	……
			……	……	……	……	……	……	……
		三级能力C112	指标M1121						
			指标M1122						
			……						
	二级能力C12	三级能力C121	指标M1211						
			……						

续表

一级能力	二级能力	三级能力	指标	作战任务 T1			作战任务 T2		
				体系对抗场景 T11	体系对抗场景 T12	……	体系对抗场景 T21	体系对抗场景 T22	……
				效能指标 t_1, t_2, ……			效能指标 t_1, t_2, ……		
一级能力 C1	二级能力 C12	三级能力 C122	指标 M1221	……	……	……	……	……	……
			指标 M1222	……	……	……	……	……	……
			……	……	……	……	……	……	……
		……		……	……	……	……	……	……
	……			……	……	……	……	……	……
一级能力 C2				……	……	……	……	……	……
……				……	……	……	……	……	……

7.3.5 定性定量计算分析

根据上述明确的任务清单，能力效能指标，以及它们之间的映射关系，可以根据搜集到的数据进行贡献率的计算。灵活选择各类方法，开展定性定量相结合的计算分析，形成体系贡献率评估结论。主要内容包括：

（1）采用合适的实验设计方法，分析需要分别开展计算的各种方案，即具体计算实验方案。对于计算方案，应根据计算分析条件，说明采用的实验设计方法、计算数据对体系贡献率结果的支撑关系。

（2）根据计算方案，计算体系能力，体系效能指标结果。对照"能力—任务"矩阵中各指标项需求，形成分级描述结论。对于指标的评估方法，应结合指标特点，可用的方法实际，灵活选择相对成熟可信的方法及工具。

（3）基于指标项结果对比，计算对各指标项的体系贡献率。对于体系贡献率评估模型，采用相对比较法，即对指标 A 的体系贡献率 =（装备体系中"增替"装备项目后的指标 A 结果 – 装备体系中"增替"装备项目前的指标 A 结果）/装备体系中"增替"装备项目前的指标 A 结果。

（4）分析不同使命任务下的体系贡献率高低，综合分析体系能力，体系效能等方面的体系贡献率，开展不同战技指标方案与功能类似装备之间的体系贡献率对比。对于体系贡献率的综合分析，应说明在不同任务、不同方法、不同装备之间对比时，体系贡献率的高低分布及原因，分析装备项目对体系的可能不利影响。

同时，可以把贡献率的计算分为实验数据搜集、指标权重计算、体系能力计算、体系效能计算、以及体系贡献率计算等步骤，如图 7 – 2 所示。首先需要根据实验设计，采集底层能力指标与效能指标的试验结果，可作为单项指标的体系贡献率分析依据；然后根据底层能力指标的度量结果以及指标权重，计算各层能力指标的体系贡献率，从能力提升角度说明武器装备的体系贡献率，在此过程中需要注意把不同能力的量纲归一化；另外根据效能指标的体系贡献率分析结果，从任务完成的角度说明对任务的贡献率；根据得到的体系能力贡献率以及效能贡献率，进行体系贡献率的综合分析，形成分析结论。

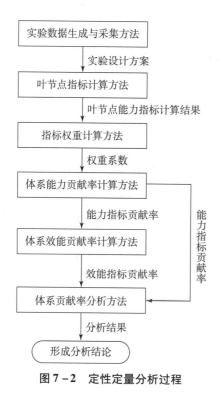

图 7-2　定性定量分析过程

7.4　自动步枪的体系贡献率评估

本节以 A 式自动步枪为例，分析 A 式自动步枪的体系贡献率，为 A 式自动步枪的装备论证和装备采办提供支撑，验证自动步枪的总体方案的可行性、有效性和实用性。本节按照体系贡献率评估步骤进行分析。

7.4.1　使命任务分析

A 式自动步枪的体系贡献率研究的方法是拟将某合成营 3 个机步连内编配的 A 式自动步枪，替换为同等数量的 B 式自动步枪，评估 A 式自动步枪替换编配的 B 式自动步枪后的体系贡献率，为装备的更新换代提供支撑。

为支撑上述体系贡献率评估目的，需要明确关联的使命任务。从武器系统来确定使命任务。对于武器系统而言，A 式自动步枪的使命任务是在陆军某合成营机步连的装备编配体系内，重点打击敌方有生力量，有效支撑部队的作战。

7.4.2 对抗场景设置

结合 A 式自动步枪的使命任务，主要选择在某平原丘陵地设置对抗场景；依据机步分队作战行动任务清单，选择下车占领冲击出发阵地以及后续冲击突破作为对抗背景。

（1）作战背景

20××年，某平原丘陵地区进行作战。对此，我方调动合成×旅，在××地区一线实施进攻作战，夺占要点，配合主力歼灭敌人。

作战对手：×军守备旅步兵 1 营。

作战区域：××平原丘陵地区。

任务样式：我方在上级编成内，决心成群队式部署，从行进间发起攻击，夺占××高地。

使命任务目标：综合多种手段，采取两翼突破，钳形攻击，纵深突贯的战术手段。

（2）装备体系构成

我方装备体系主要包括陆军打击装备，A 式自动步枪 720 支、××式坦克 80 辆、××式步战车 120 辆、自行榴弹炮 27 门、自行火箭炮 9 门、120 自行迫榴炮 24 门等；蓝方装备体系主要包括火炮 60 门、自动步枪 500 支、反坦克导弹 60 具等。

（3）体系对抗过程

选择体系对抗的过程为下车占领冲击出发阵地和随后冲击突破。

7.4.3 效能指标确定

根据上述作战场景的下车占领冲击出发阵地和冲击突破，需要确定作战任务完成的效能指标。体系作战效能，是指装备置入体系内考虑，描述其对于某一特定作战任务完成的整体情况，常根据作战目标和最终态势来判断。从完成任务的整体视角，分别对两种任务确定体系效能指标项，任务与效能指标的映射关系如图 7-3 所示，其中，损失兵力比（$t1$）是用来衡量冲击作战过程敌方损失兵力的比例；任务完成度（$t2$）是用来表达该型装备完成作战任务的比例。这些效能指标是对作战态势的描述，可以出现在各种场景与装备构成方案中。

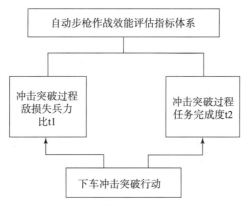

图 7-3 自动步枪体系作战效能指标确定

7.4.4 能力指标梳理

能力指标梳理是为了明确指标体系，对指标进行综合的结果。从能力角度梳理评估指标，其中自动步枪在一定作战环境条件下的实际作战能力主要涵盖火力打击、机动能力、适应能力等能力指标，如图 7-4 所示。

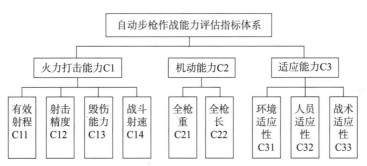

图 7-4 自动步枪作战能力指标确定

火力打击能力（C1）是自动步枪的核心能力，指兵器在作战过程中对敌方目标发挥运用火力实施打击的能力，主要包括有效射程（C11）、射击精度（C12）、毁伤能力（C13）以及战斗射速（C14）。

机动能力（C2）是指步兵携带自动步枪实施机动任务时的能力，主要包括全枪重（C21）、全枪长（C22）两个能力指标。

适应能力（C3）是指自动步枪的在各种条件下发挥作战的能力，主要包括环境适应能力（C31）、人员适应能力（C32）以及战术适应能力（C33）三个能力指标。

7.4.5 评估矩阵确立

针对使命任务目标和体系对抗过程，提炼支持 A 式自动步枪体系贡献率指标的评估项，为 A 式自动步枪作战效能计算与体系贡献率评价提供支持。

对于自动步枪下车后冲击突破任务来说，对能力指标的需求主要包括火力侦察与打击能力、机动突击能力、适应能力，如表 7-3 所示。

表 7-3 对应的能力指标

典型任务	体系能力指标	
自动步枪作战任务	火力打击能力 C1	有效射程 C11 射击精度 C12 毁伤能力 C13 战斗射速 C14
	机动能力 C2	全枪重 C21 全枪长 C22
	适应能力 C3	环境适应能力 C31 人员适应能力 C32 战术适应能力 C33

因此，根据上述能力与任务的对应关系，可以明确任务对能力指标的要求，为分析体系贡献率提供支撑。

7.4.6 定性定量计算分析

按照 7.3 节明确的体系贡献率计算方法，进行应用案例的定性定量计算分析。

7.4.6.1 实验数据生成与采集方法

本节首先明确应用案例包含的实验方案，分析能力与效能指标的数据采集方法，然后进行指标的度量以及归一化处理。

（1）实验方案设计

区分不同场景下不同装备构成，不同任务进行实验设计。主要区分包含待测装备（A 式自动步枪）和不包含待测装备（更换为 B 式自动步枪），分别进行仿真实验。

（2）指标实验数据采集

本案例依托可控、可测的仿真实验平台，在任务目标和力量配置等相同条件下，分别对不同装备构成在不同场景下的行动进行仿真模拟，由平台提供底层仿真数据，按照作战评估要求进行数据采集和处理，然后根据仿真数据计算指标项度量结果,并且对不同方案展开效能分析,最后做体系贡献率评估。

7.4.6.2 叶节点指标计算方法

本节首先对各能力指标与效能指标的数学度量方法进行描述,通过确定度量方法以及上述的数据采集方法,便可以获得指标的运行结果。

体系支撑能力本身具有聚合性,进行整体贡献度分析时由于量纲不同,不便于进行整体分析,故而需要对指标进行归一化处理,先进行评级,然后根据评级赋予优"1"、良"0.8"、中"0.6"、差"0.2"。火力打击能力的三个指标在完成不同任务时的归一化准则如表7-4所示,其他能力指标不再赘述。

表7-4 火力打击能力指标归一化处理方法

火力打击能力	作战过程	备注
有效射程C11	优[300,∞) 良[250,300) 中[200,250) 差[0,200)	单位:m
射击精度C12	优[0,5) 良[5,10) 中[10,15) 差[15,∞)	以200 m的R50 (单位cm)为准
毁伤能力C13	优[7 000,∞) 良[6 000,7 000) 中[6 000,5 000) 差[0,5 000)	子弹出膛的能量 (kJ)
战斗射速C14	优[300,∞) 良[200,300) 中[100,200) 差[0,100)	单位:发/min

分析效能指标时,归一化处理方法如表7-5所示。通过对不同指标的归一化处理,便于得到切合实际的体系贡献率计算结果。

表7-5 效能指标归一化处理方法

效能指标	火力打击
敌损失兵力比	优[50%,100%) 良[30%,50%) 中[10%,30%) 差[0,10%)
任务完成度	优[0.8,1) 良[0.6,0.8) 中[0.4,0.6) 差[0,0.4)

7.4.6.3 指标权重计算方法

根据能力-任务矩阵,需要确定能力层次之间的权重,采用层次分析法获得权重。可以得到火力打击能力,机动能力,适应能力的权重计算结果为0.55,0.28,0.17,这些权重可以支撑计算能力的体系贡献率。

计算效能指标权重,即敌损失兵力比和任务完成度的权重分配分配比为0.45,0.55,这些权重可以支撑计算效能的体系贡献率。

7.4.6.4 体系能力与效能贡献率计算方法

对体系能力指标和效能指标的计算从两个层面展开,首先计算单项指标的体系贡献率,然后根据单项指标,计算综合的体系贡献率。

(1) 单项指标体系贡献率计算

针对典型作战场景,搜集能力指标与效能指标的实验数据,分别对某两型自动步枪按照体系贡献率评估模型,计算各能力指标与效能指标的体系贡献率结果,从体系能力提升视角与任务完成视角两个角度进行分析,计算采用实际采集数据。单项指标的体系贡献率结果如表 7-6 所示。

表 7-6 能力与效能指标的贡献率

	一级指标	底层指标	贡献度提升
体系能力提升视角	火力打击能力	有效射程	15%
		射击精度	12.4%
		毁伤能力	8%
		战斗射速	0%
	机动能力	全枪重	11.7%
		全枪长	-5.5%
	适应能力	环境适应能力	8.2%
		人员适应能力	5%
		战术适应能力	12.2%
任务完成视角	效能指标	敌损失兵力比	8.2%
		火力任务完成度	10.4%

(2) 综合体系贡献率计算

按照作战想定背景,典型作战使命,采用作战仿真方法,在全军能力框架的指引下,对各关键场景下的体系能力、体系综合效能指标开展计算,评估分析自动步枪遂行作战使命的能力以及综合贡献。

为便于从宏观上分析,把能力通过加权聚合,得到整体能力值。在侦查和指挥控制装备、力量配置相同,赋予同等任务的条件下,包含 A 式自动步枪的武器装备体系与不包含 B 式自动步枪的武器装备体系对比评估如表 7-7 所示。其中,整体体系贡献率的计算是根据上述采集数据评级之后的归一化处理方式进行计算的。

表 7-7 体系贡献率的整体表现

作战样式	整体能力贡献率	体系效能贡献率
下车冲击突破	12.2%	8.6%

7.4.6.5 体系贡献率分析

根据上述单项指标体系贡献率计算结果以及整体计算结果,进行体系贡献率分析,同样从单项指标分析与整体分析两个角度展开。

(1) 单项指标体系贡献率分析

从武器装备完成能力的角度进行说明。在火力打击能力方面,A 式自动步枪的优势明显,主要体现在:一是火力有效射程远,可有效打击敌方有生目标;二是射击精度和毁伤能力更高。

对于机动能力,在中等起伏的丘陵地上,虽然全枪重有所增加,但全枪长有所缩短,整体上机动能力没有下降。

在适应能力方面,环境适应能力、人员适应能力、战术适应能力都有所加强。

总之,A 自动步枪在火力打击能力、机动能力、适应能力有了明显提升,解决了 B 式自动枪在平原丘陵地作战的与打击任务不匹配的问题。

(2) 整体贡献率综合分析

根据整体体系效能的贡献度为提升了 8.6%,解决了传统 B 式自动步枪火力偏弱和适应性不强的问题。另外上述实验仅是在一种作战样式和作战环境下的仿真评估,有待和其他方式相互验证修订。

参 考 文 献

[1] 中国军事百科全书编审室. 中国大百科全书·军事 [M]. 北京：中国大百科出版社，2007.

[2] 李志猛，徐培德，冉承新，等. 武器系统效能评估理论及应用 [M]. 北京：国防工业出版社，2013.

[3] 马亚龙，邵秋峰，孙明. 评估理论和方法及其军事应用 [M]. 北京：国防工业出版社，2013.

[4] 总参谋部. 中国人民解放军军语 [M]. 北京：军事科学科学出版社，2011.

[5] 徐培德，谭东风. 武器系统分析 [M]. 长沙：国防科技大学出版社，2001.

[6] 高尚，娄寿春. 武器系统效能评定方法综述 [J]. 系统工程理论与实践，1998 (7)：109 – 114.

[7] 胡晓惠，蓝国兴，申之明，等. 武器装备效能分析方法 [M]. 北京：国防工业出版社，2008.

[8] 罗兴柏，刘国庆. 陆军武器系统作战效能分析 [M]. 北京：国防工业出版社，2007.

[9] 杜栋，庞庆华，吴炎. 现代综合评价方法和案例精选 [M]. 北京：清华大学出版社，2008.

[10] 侯定丕，王战军. 非线性评估的理论探索与应用 [M]. 合肥：中国科学技术大学出版社，2001.

[11] 杨建军. 科学研究方法概述 [M]. 北京：国防工业出版社，2006.

[12] 周玉臣，林圣琳，马萍，等. 武器装备效能评估研究进展 [J]. 系统仿真学报，2020，32 (8)：1413 – 1424.

[13] 裴云. 中程空地导弹武器系统作战效能评估 [J]. 系统工程与电子技术，2004，26 (10)：1435 – 1438.

[14] 郭齐胜，郄志刚. 装备效能评估概论 [M]. 北京：国防工业出版社，

2005.

[15] 卞荣宣,卞炜,关颖. 点评各国的知名突击步枪 [J]. 现代军事,2006 (3):52-54.

[16] 范方梅,王志军. 03 式 5.8 毫米自动步枪 [J]. 兵器知识,2004 (11):14-15.

[17] 刘振伟. 现代突击步枪的发展格局 [J]. 现代军事,2002 (4):9-11.

[18] 程德贵. 步枪在高原山地条件下使用的有关问题研究 [D]. 南京:南京理工大学,2007.

[19] 王进举. 高技术条件下城市作战管窥 [J]. 国防科技,2002,6:63-66.

[20] 马式曾. 轻武器要迎接未来城市作战 [J]. 轻兵器,2000 (8):4-5.

[21] 刘俊学,胡唐胜,陈晓宾. 高寒山地战场对武器装备的影响 [J]. 兵器知识,2013 (1):29-32.

[22] 邹辉. 城市作战呼唤新型武器 [J]. 现代军事,2004 (10):16-18.

[23] 韩军,胡晓惠. 城市作战的难点 [J]. 兵器知识,2010 (8):16-19.

[24] 张元涛,黄永胜. 美军城市作战研究的新动向 [J]. 现代军事,2000 (11):44-45.

[25] 马宝林,刘德胜. 作战体系评估指标体系结构构建方法 [J]. 指挥控制与仿真,2021,43 (2):50-56.

[26] 杨春周,滕克难,程月波. 作战效能评估指标权重的确定 [J]. 计算机仿真,2008 (10):5-7.

[27] 曹炜. 某自动步枪典型故障可靠性分析及研究 [D]. 南京:南京理工大学,2017.

[28] 郭凯,慕志浩. 枪械系统作战效能仿真评估体系与方法 [M]. 北京:国防工业出版社,2019.

[29] 杨镜宇,胡晓峰. 基于信息系统的体系作战能力评估研究 [J]. 军事运筹与系统工程,2011,25 (1):11-14.

[30] 贺波,刘晓东,靳小超. 空军武器装备体系作战能力聚合模型 [J]. 火力指挥与控制,2009,34 (7):92-99.

[31] 周立尧,刘小方,郑祥. 导弹部队作战单元作战效能评估研究 [J]. 舰船电子工程,2020,40 (9):124-128.

[32] 冯向敏,阮拥军,赵武奎. 基于 G1 赋权法的部队装备保障演练考核指标体权重研究 [J]. 科技广场,2009,36 (5):17-20.

[33] 王建功,王可人,陈家松,等. 基于任务完成率的武器装备系统效能评

估［J］. 火力与指挥控制, 2015, 40（11）: 48-52.

[34] 董尤心, 张杰, 唐宏. 效能评估方法研究［M］. 北京: 国防工业出版社, 2009.

[35] 何新华, 王琼, 郭齐胜, 等. 基于反馈机制的武器装备体系作战能力聚合方法［J］. 装甲兵工程学院学报, 2012, 26（5）: 13-17.

[36] 王红军, 陈齐, 王发龙. 基于改进雷达图的战斗力生成要素分析技术［J］. 现代防御技术, 2016, 44（1）: 192-198.

[37] 朱蕾. 基于物元分析法的体系作战能力检验评估［J］. 舰船电子工程, 2011, 31（8）: 46-48.

[38] 蔡延曦, 孙琰, 张卓. 武器装备体系作战效能评估方法分析［J］. 兵工自动化, 2008（10）: 24-26.

[39] 郭齐胜, 袁益民, 郅志刚. 军事装备效能及其评估方法研究［J］. 装甲兵工程学院学报, 2004, 18（1）: 1-5.

[40] 赵克勤. 集对分析及其初步应用［M］. 杭州: 浙江科学技术出版社, 2000.

[41] 杨晓华, 杨志峰, 沈珍瑶, 等. 水资源可再生能力评价的遗传投影寻踪方法［J］. 水科学进展, 2004, 15（1）: 73-76.

[42] 陈晶, 王文圣, 陈嫒. 基于集对分析的全国生态环境质量评价研究［J］. 水电能源科学, 2009, 27（2）: 40-43.

[43] 张杰. 效能评估方法研究［M］. 北京: 国防工业出版社, 2016.

[44] 李建勋, 王军, 韩山, 等. 系统效能评估方法与应用［M］. 北京: 国防工业出版社, 2022.

[45] 陈衍泰, 陈国宏, 李美娟. 综合评价方法分类及其研究进展［J］. 管理科学学报, 2004, 7（2）: 69-79.

[46] 李美娟, 陈国宏, 林志炳. 基于漂移度的组合预测方法研究［J］. 中国管理科学, 2011, 19（3）: 111-115.

[47] 徐强. 组合评价法研究［J］. 江苏统计, 2002（10）: 10-12.

[48] 虞晓芬, 傅玳. 多指标综合评价方法综述［J］. 统计与决策, 2004（11）: 119-121.

[49] 陈国宏, 李美娟. 基于方法集的综合评价方法集化研究［J］. 中国管理科学, 2004, 12（1）: 101-105.

[50] 岳超源. 决策理论与方法［M］. 北京: 科学出版社, 2003: 242-243.

[51] 郭显光. 一种新的综合评价方法——组合评价法［J］. 统计研究, 1995（5）: 56-59.

[52] 王应明. 基于相关性的组合预测方法研究 [J]. 预测, 2002 (2): 58-62.

[53] 李鹏, 俞国燕. 多指标综合评价方法研究综述 [J]. 机电产品开发与创新, 2009, 22 (4): 24-26.

[54] 李美娟, 陈国宏, 林志炳, 等. 基于理想解法的动态评价方法研究 [J]. 中国管理科学, 2015, 23 (10): 156-161.

[55] 郭亚军, 易平涛. 一种基于整体差异的客观组合评价法 [J]. 中国管理科学, 2006, 14 (3): 60-64.

[56] 汪同三, 张涛. 组合预测 [M]. 北京: 社会科学出版社, 2008.

[57] 陈华友. 组合预测方法有效性理论及其应用 [M]. 北京: 科学出版社, 2010.

[58] 陈国宏, 陈衍泰, 李美娟. 组合评价系统综合研究 [J]. 复旦学报: 自然科学版, 2003, 42 (5): 667-672.

[59] 胡永宏, 贺思辉. 综合评价方法 [M]. 北京: 科学出版社, 2000.

[60] 郭亚军, 易平涛. 基于奇异值分解的多评价结论集结方法 [J]. 东北大学学报: 自然科学版, 2007 (2): 278-281.

[61] 杨敏. 用Excel求实对称阵的全部特征值和特征向量 [J]. 电脑知识与技术, 2010 (4): 2968-2969.

[62] 李成东, 金青, 黄颖, 等. Copeland计分排序法在化学物质生态危害评价中的应用 [J]. 环境科学研究, 2011 (10): 1161-1165.

[63] 李建勋, 王军, 韩山, 等. 系统效能评估方法与应用 [M]. 北京: 国防工业出版社, 2022.

[64] 王军, 李建勋, 王兴. 效能评估可信度的客观度量方法 [J]. 西安交通大学学报, 2018, 52 (2): 37-39.

[65] 宋彦学, 张志峰, 齐立辉. 基于元评估的武器装备作战效能评估可信性研究 [J]. 火力与指挥控制, 2009, 34 (S1): 128-131.

[66] 陈晓玲, 刘驰, 聂存云. 上装合体性主观评价信度与效度的元评估 [J]. 纺织学报, 2009, 30 (7): 107-111.

[67] 汪建, 王裴裴, 丁俊. 科技项目专家评审的元评价综合模型研究 [J]. 科研管理, 2020, 41 (2): 183-192.

[68] 张道民. 关于元评估 [J]. 东方论坛: 青岛大学学报, 2002 (5): 68-72.

[69] 王玉珏, 杨继坤, 卢道伟, 等. 基于云模型的复杂仿真系统可信度评估方法 [J]. 舰船电子工程, 2014, 34 (9): 86-91.

[70] 金丛镇.基于 MMF-OODA 的海军装备体系贡献率评估方法研究 [D].南京:南京理工大学,2017.

[71] 程贲.基于能力的武器装备体系评估方法与应用研究 [D].长沙:国防科学技术大学,2012.

[72] 管清波,于小红.新型武器装备体系贡献率评估问题探析 [J].装备学院学报,2015 (3):1-5.

[73] 李怡勇,李智,管清波,等.武器装备体系贡献率评估刍议与示例 [J].装备学院学报 2015,(4):5-10.

[74] 李炜,张恒,王玮.评价舰船装备体系贡献率的一种方法 [J].舰船科学技术,2015,37 (10):1-5.

[75] 任晓军,涂震飚.一种装备对体系贡献率评估方法研究 [J].新技术新工艺,2016 (9):49-53.

[76] 王飞,司光亚.武器装备体系能力贡献率的解析与度量方法 [J].军事运筹与系统工程,2016,30 (3):10-15.

[77] 陈小卫,谢茂林,张军奇.新型装备对作战体系的贡献机理 [J].装备学院学报,2016,27 (6):26-30.

[78] 罗小明,杨娟,何榕.基于任务-能力-结构-演化的武器装备体系贡献率评估与示例分析 [J].装备学院学报,2016,27 (3):7-13.

[79] 吕惠文,张炜,吕耀平,等.基于多视角的武器装备体系贡献率评估指标体系构建 [J].装备学院学报,2017,28 (3):62-66.

[80] 吕惠文,张炜,吕耀平.武器装备体系贡献率的综合评估计算方法研究 [J].军械工程学院学报,2017,29 (2):33-38.

[81] 程坚.航天装备体系贡献率研究 [J].科技促进发展,2017,13 (5):358-362.

[82] 李小波,王维平,林木,等.体系贡献率评估的研究框架、进展与重点方向 [J].系统工程理论与实践,2019,39 (6):1623-1634.

[83] 赵志强,黄柯棣.陆军武器装备体系作战能力评估框架研究 [J].系统仿真技术及其应用,2019,11:584-586.

[84] 陈敏雅,喻中华.炮兵武器装备体系作战能力评估研究 [J].兵工自动化,2019,29 (9):18-24.

[85] 殷小静,胡晓峰,荣明,等.体系贡献率评估方法研究综述与展望 [J].系统仿真学报,2019,31 (6):1027-1038.

[86] 龚茂华,付馨,薛凤桐,等.基于作战任务分析的双维度装备体系贡献率评估方法研究 [C].第三届体系工程学术会议:复杂系统与体系工程

管理论文集. 北京：兵器工业出版社，2021：283-287.

[87] 石子烨. 面向优化设计的新型武器装备体系贡献度评估 [J]. 中国电子科学研究院学报，2020，15（10）：1002-1010.

[88] 陈小卫，张军奇，杨永志. 新研装备体系贡献率度量方法分析 [J]. 兵器装备工程学报，2018，39（4）：19-22.

[89] 陈文英，张兵志，杨克巍. 支撑新型装备系统需求论证的体系贡献度评估 [J]. 系统工程与电子技术，2019，41（8）：1795-1801.

[90] 杨克巍，杨志伟，谭跃进，等. 面向体系贡献率的装备体系评估方法研究综述 [J]. 系统工程与电子技术，2019，41（2）：311-321.

[91] 王飞跃. 计算实验方法与复杂系统行为分析和决策评估 [J]. 系统仿真学报，2004，16（5）：893-897.

[92] 李志猛，谈群，汪彦明，等. 基于探索性分析的信息系统效能评估方法 [J]. 科学技术与工程，2009，9（22）：6702-6706.

[93] 卜广志. 基于 AOE 模型的装备对作战体系的贡献率评估方法 [J]. 火力与指挥控制，2020，45（12）：18-22.